Bit Bryson

Conversion de SQL en Python pour l'analyse de données

Traduire des requêtes SQL en Python avec Pandas

Première édition publiée en 2026.

TABLE DES MATIÈRES

Introduction

Pourquoi passer de SQL à Python ? Votre feuille de route vers la maîtrise des données

Dans le monde actuel, où les données sont omniprésentes, la capacité à les gérer et à les analyser efficacement est une compétence essentielle pour les professionnels de tous les secteurs. Ce chapitre vous permettra d'explorer la synergie entre deux outils puissants : SQL (Structured Query Language), le langage standard pour interroger les bases de données relationnelles, et Python, un langage de programmation polyvalent doté de bibliothèques comme Pandas qui permettent une manipulation avancée des données. Nous verrons pourquoi cette transition est importante, qui peut en bénéficier, quelles compétences vous développerez, comment configurer votre environnement et comment tirer le meilleur parti de cet ouvrage. À la fin de ce chapitre, vous aurez une vision claire du parcours à suivre et serez prêt à vous lancer dans un apprentissage pratique.

Cette introduction s'adresse aux débutants et suppose une certaine familiarité avec SQL, mais peut-être une expérience limitée en Python. Nous utiliserons un langage simple, décomposerons les concepts à l'aide d'analogies courantes et fournirons des exemples clairs. Par exemple, imaginez SQL comme un bibliothécaire qui recherche des livres spécifiques dans une vaste bibliothèque (la base de données), tandis que Python avec Pandas agit comme un assistant numérique qui non seulement recherche, mais organise, analyse et visualise également ces livres sur votre bureau. L'objectif est de montrer comment la combinaison de ces outils peut considérablement optimiser votre flux de travail de données.

Commençons par examiner les raisons fondamentales de ce pont et ce que le livre propose.

La puissance de l'alliance entre SQL et Python : ce que ce livre vous apporte

SQL est depuis longtemps le langage de référence pour la manipulation de données structurées dans des bases de données comme MySQL, PostgreSQL ou SQL Server. Il excelle dans l'interrogation, le filtrage et l'agrégation des données stockées dans des tables. Cependant, face à l'augmentation des volumes de données et à la complexification des besoins d'analyse, SQL peut s'avérer insuffisant. C'est là qu'intervient Python : un langage open source facile à apprendre, très lisible et extensible grâce à ses bibliothèques. Pandas, bibliothèque phare, imite les capacités de gestion des données de SQL tout en y ajoutant la flexibilité de Python pour le scripting, l'automatisation et l'intégration avec d'autres outils, tels que les bibliothèques d'apprentissage automatique (par exemple, scikit-learn) ou les packages de visualisation (par exemple, Matplotlib).

Faire le lien entre SQL et Python consiste à traduire les requêtes SQL en code Python à l'aide de Pandas. Par exemple, une simple requête SQL comme `SELECT * FROM customers WHERE age > 30` devient `customers[customers['age'] > 30]` en Pandas. Il ne s'agit pas d'un simple changement de syntaxe : c'est la porte d'entrée vers des pipelines de données plus puissants. Python vous permet de gérer des données provenant de sources diverses (fichiers CSV, API, Excel), d'effectuer des transformations complexes que SQL peine à réaliser (comme les fonctions personnalisées ou le traitement de texte) et d'automatiser les tâches répétitives.

Que propose ce livre ? Il offre un guide pas à pas de cette traduction, basé sur des exemples pratiques tirés de situations réelles. Vous apprendrez à utiliser les DataFrames Pandas (considérez-les comme des tables en mémoire) pour reproduire des opérations SQL telles que le filtrage (WHERE), l'agrégation (GROUP BY), la jointure de tables (JOINS), et des fonctionnalités plus avancées comme les fonctions de fenêtrage et la logique conditionnelle (CASE). Ce livre développe un concept fondamental du cours, transformant 44 minutes de vidéo en une ressource écrite complète, avec des extraits de code, des exercices et des projets.

Concepts fondamentaux expliqués simplement : un DataFrame Pandas est comparable à une feuille de calcul ou à une table SQL, avec des lignes et des colonnes. Vous pouvez y charger des données à l'aide de `pd.read_csv('file.csv')`, puis les manipuler. Par exemple, pour obtenir des valeurs uniques (comme avec `DISTINCT` en SQL), utilisez `df['column'].unique()`. Cette simplicité rend Python accessible même aux débutants en programmation.

Applications concrètes : Imaginez que vous êtes analyste marketing dans une entreprise de e-commerce. Avec SQL, vous pourriez interroger une base de données pour obtenir les données d'achat des clients. Mais avec Python, vous pouvez extraire ces données, les nettoyer (gérer les valeurs manquantes), analyser les tendances (calculer les moyennes) et même générer des rapports ou des visualisations, le tout dans un seul script. Cette passerelle permet de gagner du temps et de réduire les erreurs liées au changement d'outils.

Étapes concrètes à mettre en œuvre :

1. Identifiez une requête SQL simple que vous utilisez quotidiennement, comme la sélection des meilleures ventes.
2. Ouvrez un environnement Python (plus de détails sur la configuration ultérieurement).
3. Importer Pandas : import pandas as pd.
4. Charger des exemples de données : df = pd.read_csv('sales.csv').
5. Traduction : Pour SQL SELECT TOP 5 * FROM sales ORDER BY amount DESC, utilisez df.sort_values('amount', ascending=False).head(5).
6. Exécutez le programme et vérifiez le résultat.

Conseils : Commencez par des requêtes simples ; n'essayez pas de traduire des requêtes complexes dès le départ. Utilisez des instructions d'affichage comme `print(df.head())` pour examiner les données à chaque étape.

Erreurs courantes à éviter : Oublier d'importer les bibliothèques (commencez toujours par `import pandas as pd`). Utiliser des types de données incompatibles : assurez-vous que les colonnes sont numériques pour les calculs (utilisez `df['column'].dtype` pour vérifier). Négliger la sensibilité à la casse : Python est sensible à la casse, contrairement à certaines variantes SQL.

Cette section pose les bases en soulignant la synergie entre SQL et Python. Ensuite, nous définirons à qui s'adresse ce parcours.

À qui s'adresse ce livre : des débutants en SQL aux analystes de données en devenir

Ce livre s'adresse aux personnes ayant déjà quelques notions de SQL et souhaitant approfondir leurs connaissances avec Python. Si vous débutez en SQL (c'est-à-dire si vous avez déjà écrit des requêtes simples mais que vous n'êtes pas un expert), ce livre est un point de départ idéal. Nul besoin de connaissances avancées en SQL : une familiarité avec les clauses SELECT et WHERE, ainsi qu'avec les fonctions d'agrégation de base, suffit. Pour les futurs analystes de données, cet ouvrage est essentiel, car les métiers actuels exigent une polyvalence qui dépasse le simple cadre des bases de données.

Qui correspond exactement à ce profil ?

- Des analystes de données à l'aise avec SQL dans des outils comme Excel ou des logiciels de bases de données, mais qui recherchent l'automatisation.
- Les professionnels de la veille stratégique qui utilisent SQL pour la création de rapports et qui souhaitent intégrer Python pour obtenir des analyses plus approfondies.
- Débutants en science des données qui connaissent SQL grâce à des cours en ligne ou à leur expérience professionnelle, mais qui ont besoin de compétences en Python pour se préparer à l'apprentissage automatique.
- Développeurs ou programmeurs connaissant d'autres langages, souhaitant appliquer une logique de type SQL en Python.
- Étudiants ou personnes en reconversion professionnelle se tournant vers les domaines des données, où Python devient de plus en plus la langue véhiculaire.

Explication simple : si SQL est votre outil principal pour manipuler les données, Python y ajoute une boîte à outils. Pour les débutants, nous expliquons les bases de Python par l'exemple ; aucune connaissance préalable en programmation n'est requise, hormis la logique élémentaire. Par exemple, Python utilise l'indentation pour les blocs de code, contrairement aux points-virgules de SQL.

Applications concrètes : Un utilisateur novice en SQL au sein d'un service RH peut interroger des bases de données d'employés pour générer des rapports. Grâce à Python, il peut automatiser la production de rapports mensuels : extraction des données, calcul des indicateurs (par exemple, l'ancienneté moyenne) et envoi des résultats par courriel. Un analyste financier en devenir peut traduire des requêtes SQL de gestion de portefeuille en scripts Python qui récupèrent également des données boursières en temps réel via des API.

Mesures concrètes :

1. Évaluez votre niveau SQL : écrivez une requête simple comme SELECT name, salary FROM employees WHERE department = 'Sales'.
2. Si vous êtes à l'aise, continuez ; sinon, consultez les ressources SQL gratuites (par exemple, Khan Academy).
3. Installez Python (détails ci-dessous).
4. Exécutez votre premier script : créez un fichier hello.py contenant print("Hello, Data World!") et exécutez-le.
5. Introduisez progressivement Pandas avec un petit ensemble de données.

Conseils : Si vous débutez complètement en Python, consacrez 10 à 15 minutes par jour à des sites interactifs comme l'introduction à Python de Codecademy. Étudiez avec un partenaire pour rester motivé.

Erreurs fréquentes : croire que Python est plus complexe que SQL ; or, il est souvent plus intuitif pour les tâches de traitement de données. Négliger les bases est source de frustration ; testez toujours votre code par petites portions. Ne pas tenir compte de la compatibilité des versions : utilisez Python 3.7 ou une version ultérieure, comme recommandé.

Partant de ce constat, explorons les compétences spécifiques que vous acquerrez.

Ce que vous acquerrez : compétences fondamentales en traduction, manipulation et analyse de données

À la fin de cet ouvrage, vous maîtriserez la traduction de SQL en Python et acquerrez des compétences essentielles en traduction, manipulation et analyse de données. La traduction consiste à convertir la syntaxe SQL en méthodes Pandas, comme transformer GROUP BY en groupby(). La manipulation implique la modification des données : filtrage, tri, agrégation. L'analyse permet d'obtenir des informations précieuses, comme la synthèse des tendances ou la fusion de jeux de données pour identifier des corrélations.

Explications simples avec exemples :

- Traduction : La requête SQL SELECT DISTINCT city FROM customers devient df['city'].unique() dans Pandas. Cela liste les villes uniques sans doublons.
- Manipulation : Pour le filtrage, la requête SQL WHERE age BETWEEN 20 AND 30 est : df[(df['age'] >= 20) & (df['age'] <= 30)]. Utilisez & pour l'opérateur AND.

- Analyse : Les agrégats tels que SQL AVG(sales) sont convertis en df['sales'].mean(). Pour les groupes : df.groupby('region')['sales'].mean() donne la moyenne des ventes par région.

Ces compétences se développent progressivement : commencez par les bases, puis combinez-les pour réaliser des tâches complexes.

Applications concrètes : Dans le commerce de détail, traduire les requêtes SQL d'inventaire en Python pour l'analyse des stocks : filtrer les articles en faible quantité, regrouper les données par catégorie, analyser les tendances de vente pour prévoir les ruptures de stock. Dans le secteur de la santé, manipuler des données patient anonymisées pour calculer des moyennes par tranche d'âge et les combiner avec des tableaux de traitement pour analyser leur efficacité.

Mesures concrètes :

1. Téléchargez un exemple de fichier CSV (par exemple, depuis Kaggle : jeu de données iris).
2. Charger dans Pandas : df = pd.read_csv('iris.csv').
3. Traduire une requête : SQL SELECT species, AVG(sepal_length) FROM iris GROUP BY species en df.groupby('species')['sepal_length'].mean().
4. Analyse : Ajoutez df.describe() pour obtenir des statistiques récapitulatives.
5. Enregistrer les résultats : results.to_csv('analysis.csv').

Conseils : Utilisez Jupyter Notebooks pour coder de manière interactive ; les cellules permettent une exécution étape par étape. Commentez abondamment votre code, par exemple : # Ceci filtre les données comme une clause WHERE SQL.

Erreurs fréquentes : ignorer la réinitialisation des index après des manipulations (df.reset_index()). Appliquer des opérations à des types de données incorrects (convertir avec df['column'] = pd.to_numeric(df['column'])). Complexifier inutilement les choses : Pandas propose souvent des méthodes intégrées ; consultez la documentation avec help(pd.DataFrame.groupby).

En gardant ces compétences à l'esprit, commençons par configurer vos outils.

Outils et configuration : Installation de Python, Pandas et des exemples de jeux de données

Pour commencer, vous aurez besoin de Python, de Pandas, d'un IDE et de jeux de données. Python est le langage de base ; Pandas est la bibliothèque de gestion des données. L'installation est simple et prend entre 15 et 30 minutes.

Explication simple : Python exécute du code ; installez-le comme n'importe quel logiciel. Pandas s'installe via pip (le gestionnaire de paquets de Python). Un IDE comme VS Code fournit un espace de travail pour écrire du code. Les jeux de données sont des fichiers CSV qui simulent des tables SQL.

Installation étape par étape :

1. Téléchargez Python 3.7 ou une version ultérieure depuis python.org. Choisissez le programme d'installation correspondant à votre système d'exploitation (Windows/Mac/Linux). Lors de l'installation, cochez la case « Ajouter Python au PATH ».
2. Vérification : Ouvrez le terminal/l'invite de commandes, tapez python --version. La version devrait être 3.x.
3. Installer Pandas : Dans le terminal, saisissez pip install pandas.
4. Installation de l'IDE : Téléchargez VS Code depuis code.visualstudio.com. Installez l'extension Python.
5. Exemples de jeux de données : Créez un dossier, téléchargez des fichiers CSV comme « titanic.csv » depuis Kaggle ou GitHub. Ou générez-les : En Python, importez pandas as pd ; df = pd.DataFrame({'name': ['Alice', 'Bob'], 'age': [25, 30]}) ; df.to_csv('sample.csv').

Applications concrètes : Une fois configuré, cet outil est utilisé quotidiennement par les analystes pour leurs tâches : chargement des fichiers CSV de ventes, manipulation des données et exportation des analyses. Dans le cadre de projets, il est possible de l'intégrer à Git pour la gestion des versions.

Mesures concrètes :

1. Suivez le guide d'installation ci-dessus.
2. Test : Créez un fichier test.py : `import pandas as pd; df = pd.read_csv('sample.csv');

print(df.head())`. Exécutez le script avec `python test.py`.
3. En cas d'erreur, vérifiez le PATH ou réinstallez le système.
4. Explorez : utilisez pd.options.display.max_columns = None pour afficher l'intégralité du contenu.

Conseils : Utilisez des environnements virtuels (python -m venv env ; source env/bin/activate) pour isoler vos projets. Sauvegardez régulièrement votre code.

Erreurs fréquentes : Installation d'une version incorrecte de Python (utilisez la version 3 ou supérieure). Exécution de pip sans droits d'administrateur (utilisez l'option `--user`). Les grands ensembles de données peuvent saturer la mémoire ; commencez par un petit ensemble et utilisez `df.sample(100)` pour les sous-ensembles.

Apprenez maintenant à utiliser efficacement ce livre.

Comment utiliser ce livre : exercices pratiques, extraits de code et applications concrètes

Ce livre est conçu pour un apprentissage actif : chaque chapitre s'appuie sur le précédent, en commençant par des explications, puis des exemples, des applications et des exercices. Utilisez-le en lisant, en codant en même temps que le chapitre précédent et en appliquant les concepts à vos propres données.

Explication simple : les extraits de code sont des blocs prêts à être copiés, par exemple :

```python
importerpandascommepd
df=pd.DataFrame({'produit': ['UN', 'B'],'prix': [10, 20]})
imprimer(df['prix'].signifier()) # Comme SQL AVG
```

Les exercices pratiques renforcent les concepts ; les applications concrètes démontrent leur utilité pratique.

Déroulement : Lire la section, exécuter l'extrait de code, essayer l'exercice, appliquer aux données réelles.

Applications concrètes : Transformer les connaissances théoriques en scripts pour le travail, comme l'automatisation des rapports.

Mesures concrètes :

1. Configurez un notebook dans Jupyter (installez-le via pip install jupyter ; jupyter notebook).
2. Pour chaque chapitre, copiez des extraits et modifiez-les avec vos données.
3. Effectuez les exercices, corrigez les erreurs.
4. Constituez un portfolio : rassemblez vos scripts dans un dépôt Git.

Conseils : Limitez vos sessions à une heure par jour. Rejoignez des communautés comme Stack Overflow pour obtenir de l'aide.

Erreurs fréquentes : Survoler le code sans le coder — exécutez-le toujours. Ignorer les erreurs — utilisez un bloc try-except pour plus de robustesse.

Résumé des points clés et exercices suggérés

Points clés : L'articulation entre SQL et Python permet une gestion polyvalente des données ; ce livre propose des traductions pratiques via Pandas. Il s'adresse aux utilisateurs SQL souhaitant évoluer vers des postes d'analystes. Développez vos compétences en traduction, manipulation et analyse de données. La configuration comprend Python, Pandas, des IDE et des jeux de données. Mettez en pratique les enseignements du livre grâce aux extraits de code et aux exercices.

Exercices :

1. Installez les outils et exécutez un script Pandas de base.
2. Traduire une requête SQL personnelle en Python.
3. Analyser un échantillon de données : filtrer, agréger, synthétiser les informations.
4. Défi : Fusionnez deux fichiers CSV (par exemple, clients et commandes) et trouvez les meilleurs acheteurs.

Récapitulatif des pièges courants : négliger les bases, ignorer le débogage, complexifier inutilement le code.

Cette introduction vous donne les clés pour réussir ; passez directement au chapitre 1 pour les fondamentaux de Python.

Chapitre 1

Les fondamentaux de Python par l'exemple – Construire ses bases

Bienvenue dans ce premier chapitre pratique. Nous y construirons vos bases en Python, en utilisant des exemples concrets et clairs qui reflètent les concepts SQL que vous connaissez déjà. À la fin de ce chapitre, vous serez capable d'écrire du code Python, d'importer des données dans Pandas, de les explorer comme une table SQL et de créer votre premier DataFrame à partir d'un jeu de données similaire à une table de base de données. Tout est expliqué simplement ; aucune connaissance préalable en programmation, hormis les bases du SQL, n'est requise.

Considérez ce chapitre comme votre**"Bonjour le monde!"**dans la manipulation de données avec Python. Nous procéderons étape par étape : de la syntaxe de base au chargement et à l'inspection des données. Chaque section comprend**explications**, **exemples de code**, **applications concrètes**, **étapes concrètes**, **conseils**, et **erreurs courantes à éviter**.

Premiers pas avec Python : bases de la syntaxe et structures de données

Python est un langage de programmation lisible et facile à appréhender pour les débutants. Contrairement à SQL, qui est déclaratif (vous dites*quoi*(vous le souhaitez), Python est impératif — vous le dites à l'ordinateur*comment*pour le faire, étape par étape.

Commençons par les bases.

Règles de syntaxe de base

1. **Pas de points-virgules**– Terminez les lignes par un saut de ligne (appuyez sur Entrée).
2. **L'indentation compte**– Utilisez 4 espaces (et non des tabulations) pour définir les blocs de code.
3. **Commentaires**– Utilisez # pour les commentaires sur une seule ligne.
4. **Variables**– Inutile de déclarer les types. Il suffit d'assigner : x = 5

python
```
# Ceci est un commentaire
nom ="Alice"      # Chaîne
âge =30# Entier
salaire =55000,50     # Flotter
est_manager= Vrai# Booléen
```

Types de données de base (comme les types de colonnes SQL)

Type Python	Équivalent SQL	Exemple
int	ENTIER	nombre = 100
flotter	DÉCIMAL	prix = 19,99
str	VARCHAR	ville = "New York"
booléen	BIT / BOOLÉEN	actif = Vrai
Aucun	NUL	deuxième_nom = Aucun

Opérations de base

python
```
# Mathématiques (comme les expressions SQL)
total =100+50
rabais = total *0,1
final= total - rabais

# Concaténation de chaînes
salutation = "Bonjour, "+ nom +" !"

# Comparaison (comme WHERE)
est_adulte= âge >=18
```

Flux de contrôle : if, for, while

python
```
si âge >=18:
   statut =« Adulte »
autre:
   statut = "Mineure"
```

```
# Parcourir les nombres de 1 à 5
pour je dans gamme(1, 6):
   imprimer(je)

# Parcourir une liste
produits=["Ordinateur portable", "Souris", "Clavier"]
pour article dansproduits :
   imprimer("Article:", article)
```

Structures de données : listes, dictionnaires, tuples

Structure	Comme en SQL	Exemple
Liste	Tableau de valeurs	scores = [85, 90, 78]
Dictionnaire	Tableau clé-valeur	employé = {"id": 1, "nom": "Bob", "dept": "IT"}
Tuple	Ligne fixe	point = (10, 20)

```python
# Liste : ordonnée, modifiable
fruits =["pomme", "banane", "cerise"]
fruits.append("orange")
imprimer(fruits[0])# pomme (indexée à partir de 0 !)

# Dictionnaire : paires clé-valeur (comme une ligne dans un tableau)
client ={
   "identifiant":101,
   "nom":"Emma",
   "ville":"Seattle",
« achats »:5
```

```
}
imprimer(client["nom"])# Emma
```

Application concrète

Imaginez que vous êtes gérant de magasin et que vous consultez les données de ventes quotidiennes à partir d'une table SQL. Au lieu d'attendre un rapport, vous utilisez Python pour :

- Stockez les noms des produits dans un**liste**
- Suivre les stocks dans un**dictionnaire**
- Calculez les remises avec**opérations mathématiques**
- Automatisez les e-mails en utilisant**chaînes de caractères et conditions**

Étapes concrètes

1. Ouvrez votre environnement Python (VS Code, Jupyter ou terminal).
2. Créez un fichier basics.py.
3. Saisissez et exécutez ce code :

python

```
# basics.py
nom ="Maria"
âge =28
produits=["Stylo", "Carnet de notes", "Autocollant"]
inventaire ={"Stylo":50, "Carnet de notes":30}

si inventaire["Stylo"]>20:
   imprimer(f"{nom}a suffisamment de stylos en stock.)
autre:
   imprimer("Commandez plus de stylos !")
```

```
pour article dansproduits :
   imprimer("Vente:", article)
```

4. Exécuter : python basics.py

Conseils

- Utiliser **noms de variables significatifs**: ventes_totales > ts
- Toujours **Sauvegarder avant d'exécuter**
- Utiliser **imprimer()**pour déboguer

Erreurs courantes à éviter

- **Oublier les deux-points**après si, pour, def
- **Mélanger les tablatures et les espaces**→ provoque une erreur d'indentation
- **Utilisation d'un seul signe égal (=) pour la comparaison**(utiliser ==)
- **Accès à l'index de la liste hors limites**: fruits[10] crashes

---

Introduction à Pandas : DataFrames, Series et importation de données (comme les tables SQL)

Nous allons maintenant vous présenter**Pandas**— la bibliothèque qui apporte la puissance de SQL à Python.

Pandas = Excel + SQL dans Python

Qu'est-ce que Pandas ?

- **Série**: Une seule colonne (comme une colonne SQL ou une colonne Excel)
- **DataFrame**: Un tableau (comme un tableau SQL ou une feuille Excel)

python
```
importerpandascommepd

# Série (une colonne)
âges=pd.Series([25, 30, 35, 40],nom="Âge")
imprimer(âge)

# DataFrame (tableau)
données ={
   "Nom": ["Mais", "Bella", "Carlos"],
   "Âge": [25, 30, 35],
   "Ville": ["Dubaï", "Caire", "Cinq"]
}
df=pd.DataFrame(données)
imprimer(df)
```

Sortir:

texte
```
Nom Âge Ville
0 Ali 25 Dubaï
1 Bella 30 Le Caire
2 Carlos 35 Lima
```

Concepts clés de Pandas

Pandas	Équivalent SQL
DataFrame	Tableau
Série	Colonne
df.head()	SÉLECTIONNEZ LES 5 MEILLEURS
df.colonnes	Noms de colonnes
df.index	Étiquettes de lignes (comme la clé primaire)
forme df	Informations sur les lignes/le nombre

Importation de données (comme le chargement d'une table SQL)

Les pandas peuvent lire :

- CSV (pd.read_csv)
- Excel (pd.read_excel)
- JSON (pd.read_json)
- bases de données SQL (pd.read_sql)

python
```
# Simulation d'une table SQL enregistrée au format CSV
df=pd.lire_csv("customers.csv")
```

Nous utiliserons ce procédé tout au long du livre.

Application concrète

Un analyste de données reçoit quotidiennement un fichier CSV exporté d'une base de données SQL. Au lieu d'ouvrir Excel, il :

- Chargez-le avec pd.read_csv()
- Inspectez la structure avec df.info()
- Démarrez l'analyse instantanément

Étapes concrètes

1. Installez Pandas (si ce n'est pas déjà fait) :
   bash
   ```
   pépininstaller pandas
   ```

2. Créez un fichier CSV d'exemple nommé employees.csv :

csv
```
identifiant,nom,département,salaire
1,John,HEURE,50000
2,Jeanne,Ventes,60000
3,Seul,IL,75000
4,Lisa,IL,80000
```

3. Exécutez ce code :

python
```
importerpandascommepd

df=pd.lire_csv("employees.csv")
imprimer(df)
```

```
imprimer("\nTypes de données :\n", df.dtypes)
imprimer("\nForme:", df.forme)
```

Conseils

- Toujours **vérifier df.dtypes**après le chargement
- Utiliser **chemins relatifs**pour les fichiers du même dossier
- Enregistrer les fichiers CSV avec**Encodage UTF-8**pour éviter les problèmes de personnages

Erreurs courantes

- **Fichier introuvable**: Erreur de chemin ou de nom de fichier
- **Importation manquante**: Oublié d'importer pandas comme pd
- **Délimiteur incorrect**: Fichier CSV avec ; → utilisez pd.read_csv(..., sep=';')

Lecture et exploration des données : chargement des fichiers CSV et inspections de base

Maintenant que les données sont chargées, passons à la suite.**explorer**c'est comme exécuter SELECT * FROM table LIMIT 10 en SQL.

Commandes d'exploration essentielles

Commande	But	Équivalent SQL
df.head(n)	Premières n lignes	SÉLECTIONNER LES MEILLEURS n
df.tail(n)	Dernières n lignes	SÉLECTIONNER LE BAS n
df.sample(n)	n lignes aléatoires	Échantillonnage aléatoire
df.info()	Structure, types, valeurs nulles	DÉCRIRE le tableau
df.describe()	Statistiques récapitulatives	NOMBRE, MOYENNE, MIN, MAX
df.colonnes	Noms de colonnes	SCHÉMA_D'INFORMATION
forme df	(lignes, colonnes)	SÉLECTIONNER COUNT(*)

Exemple : Exploration du fichier sales.csv

Supposons ce fichier CSV :

csv

```
numéro_de_commande,identifiant_client,produit,montant,date
101,1,Ordinateur portable,1200,05/01/2025
102,2,Souris,25,2025-01-06
103,1,Clavier,75,2025-01-07
104,3,Moniteur,300,2025-01-08
```

python

```
importerpandascommepd

df=pd.lire_csv("ventes.csv")

imprimer("Les 3 premières lignes :")
imprimer(df.head(3))

imprimer("\n2 dernières lignes :)
imprimer(df.tail(2))

imprimer("\nÉchantillon aléatoire :)
imprimer(df.sample(2))

imprimer("\nStructure:")
imprimer(df.info())

imprimer("\nStatistiques récapitulatives :)
imprimer(df.describe())
```

Points saillants de la sortie

```
texte
Structure:
<class 'pandas.core.frame.DataFrame'>
RangeIndex : 4 entrées, de 0 à 3
Colonnes de données (5 colonnes au total) :
# Nombre de valeurs non nulles dans la colonne Dtype
--- ------ ------------- -----
0 order_id 4 entier non nul 64 bits
1 customer_id 4 entiers non nuls (int64)
2 produits 4 objets non nuls
3 montants 4 entiers non nuls 64 bits
4 date 4 objet non nul
dtypes : int64(3), object(2)

Statistiques récapitulatives :
numéro de commande, numéro de client, montant
```

compte 4,00 4,00 4,00
moyenne 102,50 1,75 400,00
min 101.00 1.00 25.00
max 104,00 3,00 1200,00

Application concrète

Un analyste commercial reçoit un fichier d'exportation de ventes contenant 1 million de lignes. Il/Elle :

- Utilisez head() pour vérifier le format
- Vérifiez la fonction info() pour les valeurs manquantes
- Utilisez la fonction describe() pour repérer les valeurs aberrantes (par exemple, une vente de 1 million de dollars dans un ensemble de données dont la moyenne est de 100 dollars).

Étapes concrètes

1. Téléchargez ou créez le fichier sales.csv ci-dessus.
2. Exécutez le code d'exploration.
3. Ajoutez cette ligne pour analyser les dates : python
```
df['date']=pd.to_datetime(df['date'])
```
4. Relancez df.info() — la date s'affiche maintenant au format datetime64

Conseils

- Utilisez df.sample(5) lorsque les données sont volumineuses — plus rapide que head()

- Convertissez toujours les chaînes de date avec pd.to_datetime()
- Utilisez include='O' dans describe() pour résumer le texte : df.describe(include='O')

Erreurs courantes

- **Traiter les dates comme des chaînes de caractères**→ Impossible de trier ou de filtrer par mois
- **Ignorer les valeurs nulles**→ df.info() affiche le nombre de valeurs non nulles
- **Exécution inutile sur l'ensemble des données**→ Utilisez d'abord .head()

Exercice pratique : Créez votre premier DataFrame Pandas à partir d'un exemple de jeu de données de type SQL.

Récapitulons tout cela.

Jeu de données : online_retail.csv

Cela imite une table SQL d'une base de données de commerce électronique.

```csv
Numéro de facture,Code boursier,Description,Quantité,Date de la facture,Prix unitaire,Identifiant client,Pays
```

536365,85123A,PORTE-BOUGIE CHAUFFE-PLATE EN FORME DE CŒUR BLANC,6,2010-12-01 08:26:00,2,55,17850,Royaume-Uni
536365,71053,LANTERNE EN MÉTAL BLANC,6,2010-12-01 08:26:00,3,39,17850,Royaume-Uni
536365,84406B,Cintre en forme de cœurs de Cupidon crème,8,2010-12-01 08:26:00,2,75,17850,Royaume-Uni
536366,22633,CHAUFFE-MAINS UNION JACK,6,2010-12-01 08:28:00,1,85,17850,Royaume-Uni

Téléchargez ceci depuis Ensemble de données de vente au détail en ligne de l'UCIou créez une version réduite.

Votre tâche

1. Enregistrez le fichier CSV dans le dossier de votre projet.
2. Écrivez un script explore_retail.py :

python

```
importerpandascommepd

# Étape 1 : Charger les données
df=pd.lire_csv("online_retail.csv")

# Étape 2 : Corriger la colonne de date
df['Date de la facture']=pd.to_datetime(df['Date de la facture'])

Étape 3 : Exploration de base
imprimer("=== Informations sur le DataFrame ===")
imprimer(df.info())

imprimer("\n=== 5 premières lignes ===")
imprimer(df.head())
```

```
imprimer("\n=== Statistiques récapitulatives ===")
imprimer(df.describe())

imprimer("\n=== Pays uniques ===")
imprimer(df['Pays'].nunique(),« pays »)
imprimer(df['Pays'].unique())

imprimer("\n=== Recettes totales (Quantité * Prix unitaire) ===")
df['Revenu']=df['Quantité']*df['Prix unitaire']
imprimer("Recettes totales : $", df['Revenu'].somme())
```

3. Exécutez le script.

Résultat attendu (partiel)

texte

```
=== Informations sur le DataFrame ===
<class 'pandas.core.frame.DataFrame'>
RangeIndex : 4 entrées, de 0 à 3
Colonnes de données (8 colonnes au total) :
# Nombre de valeurs non nulles dans la colonne Dtype
--- ------ -------------- -----
0 FactureNo 4 non-null int64
1 StockCode 4 objet non nul
2 Description 4 objet non nul
3 Quantité 4 entiers non nuls 64 bits
4 InvoiceDate 4 datetime64 non nulle[ns]
5 UnitPrice 4 non-null float64
6 CustomerID 4 entiers non nuls 64
7 Pays 4 objet non nul
dtypes : datetime64[ns](1), float64(1), int64(3), object(3)

Recettes totales : 68,22 $
```

Application concrète

C'est **exactement**Comment les analystes abordent chaque projet :

- Charger → Nettoyer → Explorer → Analyser

Vous venez de reproduire un flux de travail SQL :

SQL

```
SÉLECTIONNER * À PARTIR DE 5 unités au détail ;
SÉLECTIONNER COUNT(DISTINCT Pays) DE vente au détail;
SÉLECTIONNER SOMME(Quantité)*Prix unitaire) À PARTIR
DU détail ;
```

Étapes concrètes

1. Complétez le script ci-dessus.
2. Modifiez-le :
   - Ajoutez une colonne Année = df['InvoiceDate'].dt.année
   - Filtrer uniquement le Royaume-Uni : df_uk = df[df['Country'] == 'United Kingdom']
   - Enregistrer dans un nouveau fichier CSV : df_uk.to_csv("uk_sales.csv", index=False)
3. Ouvrez le fichier de sortie dans Excel pour vérifier.

Conseils

- Utiliser **.dt**Accesseur pour datetime : .dt.year, .dt.month
- Toujours **définir index=False**lors de l'enregistrement pour éviter les colonnes supplémentaires
- Utiliser **Carnet Jupyter**pour l'exploration — exécuter les cellules de manière interactive

Erreurs courantes

- **Oublier d'analyser les dates**→ .dt échoue
- **Modification accidentelle du fichier d'origine**→ utiliser .copy()
- **Fichiers volumineux**→ Utilisez nrows=1000 dans read_csv pour les tests :
  python
  df=pd.lire_csv("bigfile.csv", nrows=1000)

Résumé des principaux points à retenir

Vous avez maintenant un**Solides bases en Python et Pandas**:

1. **bases de Python**: variables, types de données, listes, dictionnaires, conditions, boucles.
2. **Noyau de Pandas**: Série = colonne, DataFrame = tableau.
3. **Chargement des données**: pd.read_csv() avec un chemin et une analyse de date corrects.
4. **boîte à outils d'exploration**:
   - tête(), queue(), échantillon()
   - info(), describe(), types de données
   - nunique(), nombre_de_valeurs()

5. **Premier flux de travail**: Charger → Inspecter → Transformer → Enregistrer.

Vous êtes passé de**Passer de zéro au chargement et à l'exploration de données de type SQL réelles.**en Python.

Exercices pratiques et défis

Exercice 1 : Échauffement

Créer un DataFrame à partir de zéro :
python
données ={"Fruit": ["Pomme", "Banane"],"Prix": [1.0, 0,5]}

- df=pd.DataFrame(données)

- Ajouter une colonne Quantité = [10, 15]
- Calcul du total = Prix * Quantité

Exercice 2 : Charger et explorer

- Téléchargez le fichier titanic.csv depuis Kaggle.
- Chargez-le et répondez :
  1. Combien de passagers?
  2. Âge moyen ?
  3. Taux de survie par sexe ?

Exercice 3 : Conversion de SQL en Python (Aperçu)

Traduisez ce code SQL :

```
SQL
SÉLECTIONNER Pays, COUNT(*)commeCommandes,
SOMME(Quantité*Prix unitaire) comme Revenu
À PARTIR DU commerce de détail
OÙ Pays!= 'Royaume-Uni'
GROUPE PAR Pays
COMMANDE PAR Revenu DESC
LIMIT5;
```

→ Écrivez en Pandas (vous maîtriserez cela au chapitre 5).

Défi : Créer un mini tableau de bord

- Charger online_retail.csv
- Calculer:
    - Revenu total
    - Les 5 produits les plus populaires par quantité
    - Tendances mensuelles des revenus
- Enregistrer les résultats dans le fichier dashboard.csv

Vous êtes prêt pour le chapitre 2 : Traduction des requêtes SQL de base.

Conservez ce modèle :

> **Lire → Coder → Exécuter → Modifier → Appliquer**

Votre parcours de maîtrise des données a officiellement commencé.

Chapitre 2

Traduction des requêtes SQL de base – SELECT, LIMIT et DISTINCT

Dans ce chapitre, vous apprendrez à traduire les opérations SQL les plus courantes (SELECT, LIMIT et DISTINCT) en Python.**Pandas**Ce sont les éléments de base de la récupération de données, tout comme en SQL. Nous commencerons par des concepts simples et aborderons progressivement la complexité, à l'aide d'exemples clairs, d'applications concrètes et de code exécutable étape par étape.

Considérez ce chapitre comme votre**Traducteur SQL vers Python**À la fin de cette formation, vous serez capable de :

- Récupérer des lignes et des colonnes spécifiques (comme SELECT)
- Limiter les résultats (comme LIMIT)
- Supprimer les doublons (comme DISTINCT)
- Combinez ces éléments pour extraire des informations pertinentes à partir d'ensembles de données réels.

Nous utiliserons un**ensemble de données de ventes**Tout au long du programme, le fonctionnement imite celui d'une table SQL que vous interrogeriez dans une base de données. Le code est entièrement testé, facile à prendre en main pour les débutants et comprend :**conseils**, **erreurs courantes**, et **défis pratiques**.

Requête SQL SELECT en Python : Récupération de données avec Pandas Head et Tail

Concept de base

En SQL, SELECT récupère des données d'une table :

SQL
```
SÉLECTIONNER *À PARTIR DES ventes ;
SÉLECTIONNER produit, quantité À PARTIR DE ventes ;
```

Dans Pandas, un**DataFrame**(df) est votre tableau. Vous récupérez les données à l'aide de :

- df.head() → premières lignes
- df.tail() → dernières lignes
- df[['col1', 'col2']] → colonnes spécifiques
- df → tableau entier

Exemples simples

python
```
importerpandascommepd

# Charger des exemples de données de vente
```

```
df=pd.lire_csv("ventes.csv")

# SQL : SELECT * FROM ventes LIMIT 5 ;
imprimer(df.head())

# SQL : SELECT * FROM sales LIMIT 3; (last 3)
imprimer(df.tail(3))

# SQL : SELECT product, amount FROM sales ;
imprimer(df[['produit', 'montant']])
```

Exemple de fichier sales.csv :

```csv
numéro_de_commande,identifiant_client,produit,montant,date,r
égion
101,1,Ordinateur portable,1200,05/01/2025Nord
102,2,Souris,25,06/01/2025Sud
103,1,Clavier,75,2025-01-07,Nord
104,3,Moniteur,300,2025-01-08,Ouest
105,2,Souris,25,09/01/2025Sud
```

Résultat de df.head() :

```texte
numéro de commande, numéro de client, quantité du produit,
date, région
0 101 1 Ordinateur portable 1200 2025-01-05 Nord
1 102 2 Souris 25 2025-01-06 Sud
2 103 1 Clavier 75 2025-01-07 Nord
3 104 3 Moniteur 300 2025-01-08 Ouest
4 105 2 Souris 25 2025-01-09 Sud
```

Application concrète

UN **directeur des ventes**Ils ont besoin d'un aperçu rapide des transactions récentes. Au lieu d'exécuter une requête SQL et d'exporter les données vers Excel, ils :

- Charger le fichier CSV en Python
- Utilisez df.tail(10) pour afficher les 10 dernières commandes
- Sélectionnez uniquement le produit et le montant pour vous concentrer sur les éléments générateurs de revenus.

Étapes concrètes

1. Créez un fichier sales.csv avec les données ci-dessus.
2. Exécutez ce code dans un notebook Jupyter ou un fichier .py :

```
python
importerpandascommepd
df=pd.lire_csv("ventes.csv")
imprimer("3 premières commandes :")
imprimer(df.head(3))
imprimer("\n2 dernières commandes :)
imprimer(df.tail(2))
imprimer("\nProduit et quantité seulement :)
imprimer(df[['produit', 'montant']])
```

3. Modifier : Sélectionner order_id, date, region.

Conseils

- Utiliser **doubles crochets**[[]] pour plusieurs colonnes

- Méthodes en chaîne : df[['product', 'amount']].head()
- Utilisez df.sample(5) pour un aperçu aléatoire

Erreurs courantes

- df['product', 'amount'] →**Erreur**(utiliser la liste : ['produit', 'montant'])
- Oublier .head() → affiche**toutes les lignes**(lent avec de gros volumes de données)
- df.head → missing() → renvoie une fonction, pas des données

---

Limitation des résultats : de SQL LIMIT au découpage Pandas et aux Nplus petits/Nplus grands

Concept de base

La directive SQL LIMIT contrôle le nombre de lignes renvoyées :

SQL

```
SÉLECTIONNER *À PARTIR DE LA LIMITE DES VENTES5;
SÉLECTIONNER *DE LA COMMANDE DE VENTEPAR
montant DESCLIMIT3;
```

Dans Pandas :

- **Découpe**: df[start:end] → lignes par position

- **.head(n) / .tail(n)**→ haut/bas n
- **.nlargest(n, 'col')**→ top n par colonne
- **.npluspetit(n, 'col')**→ bas n

Exemples

python
```
# SQL : SELECT * FROM ventes LIMIT 2 ;
imprimer(df[:2])# ou df.head(2)

# SQL : SELECT * FROM sales ORDER BY amount DESC
LIMIT 3 ;
imprimer(df.nlargest(3, 'montant'))

# SQL : SELECT * FROM sales ORDER BY amount ASC
LIMIT 2 ;
imprimer(df.nsmallest(2, 'montant'))

# Découpage : lignes 1 à 3 (indexées à partir de 0, fin
exclusive)
imprimer(df[1:4])
```

Résultat de nlargest :

texte
```
numéro de commande, numéro de client, quantité du produit,
date, région
0 101 1 Ordinateur portable 1200 2025-01-05 Nord
3 104 3 Moniteur 300 2025-01-08 Ouest
2 103 1 Clavier 75 2025-01-07 Nord
```

Application concrète

UN **chef de produit**désire :

- Les 5 commandes les plus importantes → nlargest(5, 'montant')
- Les 10 articles les moins chers vendus → nsmallest(10, 'amount')
- Données des 7 derniers jours → df.tail(7)

Cela permet d'identifier les clients haut de gamme et les produits à faible marge.

Étapes concrètes

1. Ajouter plus de lignes au fichier sales.csv (10+ commandes).
2. Courir:

python

```
# Les 3 commandes les plus chères
imprimer("Top 3 par montant :")
imprimer(df.nlargest(3, 'montant')[['produit', 'montant',
'customer_id']])

# Les 2 moins chers
imprimer("\nLes 2 moins chers :)
imprimer(df.nsmallest(2, 'montant'))

# Lignes 2 à 5
imprimer("\nLignes 2 à 5 :)
imprimer(df[2:6])
```

Trier explicitement :

python

```
df_trié=df.sort_values('montant', ascendant=FAUX)
```

3. imprimer(df_sorted.head(3))

Conseils

- Utilisez nlargest pour**performance**sur de grands volumes de données (plus rapide que le tri + l'affichage des têtes)
- Combiner avec la sélection de colonnes : df.nlargest(3, 'amount')[['product']]
- Réinitialiser l'index après le découpage : .reset_index(drop=True)

Erreurs courantes

- df[0] →**colonne**, pas ligne → utiliser df.iloc[0] pour la ligne
- df.nlargest(3, 'amount') sur non-numérique → convertir : pd.to_numeric()
- Omission de l'option `ascending=False` dans `sort_values` pour `DESC`

Élimination des doublons : comparaison entre SQL DISTINCT et Pandas Drop Duplicates

Concept de base

La commande SQL DISTINCT supprime les lignes en double :

SQL

SÉLECTIONNER PRODUIT DISTINCT À PARTIR DES ventes ;
SÉLECTIONNER RÉGION DISTINCTE, PRODUIT À PARTIR DES ventes ;

Dans Pandas :

- df['col'].unique() → valeurs uniques dans une colonne
- df[['col1', 'col2']].drop_duplicates() → combinaisons uniques
- df.drop_duplicates(subset=['col']) → déduplication de la ligne entière

Exemples

python
```
# SQL : SELECT DISTINCT produit FROM ventes ;
imprimer(« Produits uniques : »)
imprimer(df['produit'].unique())

# SQL : SELECT DISTINCT region FROM sales ;
imprimer("\nRégions uniques :)
imprimer(df['région'].unique())

# SQL : SELECT DISTINCT region, product FROM sales ;
imprimer("\nPaires région-produit uniques :)
imprimer(df[['région', 'produit']].drop_duplicates())

# Supprimer les lignes entièrement en double
imprimer("\nDataFrame sans lignes dupliquées :)
```

imprimer(df.drop_duplicates())

Sortir:

texte
Produits uniques :
['Ordinateur portable' 'Souris' 'Clavier' 'Moniteur']

Paires région-produit uniques :
produit régional
Ordinateur portable 0 Nord
1 Souris du Sud
Clavier 2 Nord
3 Moniteur Ouest

Application concrète

UN **nettoyeur de données**reçoit des données d'exportation désordonnées avec :

- Même commande saisie deux fois
- Entrées client en double

Ils utilisent la fonction drop_duplicates() pour nettoyer les données avant l'analyse, garantissant ainsi des agrégats précis.

Étapes concrètes

1. Modifier le fichier sales.csv pour inclure les doublons :

csv
numéro_de_commande,identifiant_client,produit,*montant,*date,région

```
101,1,Ordinateur portable,1200,05/01/2025Nord
102,2,Souris,25,06/01/2025Sud
102,2,Souris,25,06/01/2025Sud # doublon
103,1,Clavier,75,2025-01-07,Nord
```

2. Courir:

python
```
imprimer("Avant la déduplication :")
imprimer(df.forme)

df_clean=df.drop_duplicates()
imprimer("\nAprès:")
imprimer(df_clean.forme)
imprimer(df_clean)

# Ne conserver que les paires client-région uniques
imprimer("\nClients uniques par région :)
imprimer(df[['customer_id', 'région']].drop_duplicates())
```

Conseils

- Utilisez subset= pour dédupliquer sur des colonnes spécifiques
- keep='first' (par défaut), 'last', ou False (supprimer tous les doublons)
- Chaîne : df.drop_duplicates().reset_index(drop=True)

Erreurs courantes

- df.unique() →**Erreur d'attribut**→ utiliser df['col'].unique()
- Oublier un sous-ensemble → supprime les lignes uniquement si**toutes les colonnes** correspondre

- Modification de l'original → toujours assigner : df = df.drop_duplicates()

Application pratique : Interroger un ensemble de données de ventes pour en extraire les meilleures entrées

Combinons tout en un**mini-projet du monde réel**.

Scénario

Tu es un**analyste des ventes**Votre patron souhaite :

1. Les 5 commandes les plus chères
2. Des produits uniques vendus dans chaque région
3. Les 3 dernières commandes proviennent de la région « Nord ».
4. Jeu de données propre (sans doublons)

Solution de code complète

python

```
importerpandascommepd

# Charger et nettoyer
df=pd.lire_csv("ventes.csv")
df=df.drop_duplicates().reset_index(baisse=Vrai)

imprimer("=== DONNÉES NETTOYÉES ===")
imprimer(df)
```

```
imprimer(f"Nombre total de commandes :{seulement(df)}")

1. Les 5 premiers par montant
imprimer("\n=== TOP 5 DES COMMANDES ===")
top5=df.nplusgrand(5, 'montant')[['order_id', 'produit', 'montant',
'customer_id']]
imprimer(top 5)

2. Produits uniques par région
imprimer("\n=== PRODUITS PAR RÉGION ===")
produits régionaux=df.groupby('région')['produit'].unique()
pourrégion, produitsdansregion_products.items():
    imprimer(f"{région}:{', '.join(produits)}")

# 3. Les 3 dernières commandes dans le Nord
imprimer("\n=== 3 DERNIERS AU NORD ===")
df['date']=pd.to_datetime(df['date'])
nord_df=df[df['région']== 'Nord']
le plus récent nord=north_df.sort_values('date',
ascendant=FAUX).tête(3)
imprimer(latest_north[['order_id', 'produit', 'date']])

# Enregistrer nettoyé + informations
top5.to_csv("top5_orders.csv", indice=FAUX)
imprimer("\nEnregistré : top5_orders.csv)
```

Points saillants de la sortie

```
texte
=== TOP 5 DES COMMANDES ===
identifiant de commande quantité du produit identifiant client
0 101 Ordinateur portable 1200 1
3 104 Moniteur 300 3
2 103 Clavier 75 1

=== PRODUITS PAR RÉGION ===
Nord : Ordinateur portable, clavier
```

Sud : Souris
Ouest : Moniteur

Application concrète

Ce script peut êtreprogrammé **quotidiennement**(en utilisant cron ou le Planificateur de tâches) pour :

- Consultez les dernières ventes
- Générer un rapport sur les meilleurs employés
- Courriel à la direction

Étapes concrètes

1. Ajouter plus de 20 lignes au fichier sales.csv.
2. Exécutez le script complet.
3. Modifier:
    - Ajouter la colonne nom_du_client
    - Trouver le meilleur client en fonction de ses dépenses totales
    - Exporter le résumé de la région vers Excel

Défis de programmation : Écrivez et déboguez vos premières traductions SQL vers Python

Défi 1 : SELECT et LIMIT de base

SQL :

```SQL
SÉLECTIONNER le produit, la quantité
À PARTIR DES ventes
COMMANDE PAR montant DESC
LIMIT4;
```

Votre tâche :Écrire en Pandas.

Solution:

```python
df[['produit', 'montant']].sort_values('montant',
ascendant=FAUX).tête(4)
```

Défi 2 : DISTINCT avec plusieurs colonnes

SQL :

```SQL
SELECT DISTINCT region, customer_id
À PARTIR DES ventes
OÙ montant>50;
```

Votre tâche : Traduire.

Solution:

```python
df[df['montant']>50][['région', 'customer_id']].drop_duplicates()
```

Défi 3 : N premiers par groupe (Aperçu de GROUP BY)

SQL :

```
SQL
SÉLECTIONNER la région, MAX(montant)commevente
maximale
À PARTIR DES ventes
GROUPE PAR région;
```

Votre tâche : Obtenez la région et son chiffre d'affaires le plus élevé.

Solution:

```
python
df.groupby('région')['montant'].max()
# Ou avec le produit :
df.loc[df.groupby('région')['montant'].idxmax()][['région', 'produit',
'montant']]
```

Défi 4 : Déboguer ce code

```
python
imprimer(df.nlargest(3, montant))  # Erreur?
```

Réparer:

```
python
imprimer(df.nlargest(3, 'montant'))
```

Défi 5 : Mini-projet

Écrivez une fonction :

python
```
defrésumé des ventes(df, région=Aucun, top_n=3):
""
Renvoie les N meilleures commandes, avec possibilité de
filtrage par région.
""
   si région:
df=df[df['région']== région]
   retourdf.nlargest(top_n,'montant')[['produit', 'montant']]
```

Test:

python
```
imprimer(résumé_des_ventes(df,"Nord", 2))
```

Résumé des principaux points à retenir

SQL	Équivalent de Pandas
SÉLECTIONNER * DE la table LIMITE 5	df.head(5)
SÉLECTIONNER col1, col2	df[['col1', 'col2']]
TRIER PAR col DESC LIMITE n	df.nlargest(n, 'col')
TRIER PAR col ASC LIMITE n	df.nsmallest(n, 'col')

SÉLECTIONNER COLONNE DISTINCT	df['col'].unique()
SÉLECTIONNER DISTINCT col1, col2	df[['col1','col2']].drop_duplicates()

Vous avez maîtrisé**récupération de données**dans Pandas :

- Afficher n'importe quel sous-ensemble de données
- Limiter et classer les résultats
- Supprimer les doublons
- Créer des scripts d'analyse réutilisables

Exercices pratiques et défis

Exercice 1 : Exercices rapides

1. Charger le fichier sales.csv
2. Afficher les 7 premières lignes
3. Afficher les 4 dernières commandes
4. Liste des identifiants clients uniques
5. 2 commandes principales par région

Exercice 2 : Table de traduction SQL

SQL	Pandas
SÉLECTIONNER la région À PARTIR DES ventes LIMITE 1 ;	df['region'].iloc[0]

SÉLECTIONNER * DE ventes OÙ montant < 100 LIMITE 3 ;	df[df['amount'] < 100].head(3)
SÉLECTIONNER COUNT(DISTINCT produit) DE ventes;	df['product'].nunique()

Remplissez-en 5 autres.

Exercice 3 : Créer un générateur de rapports

Écrivez un script report.py qui :

- Charge les données
- Supprime les doublons
- Imprimés :
    - Produits uniques totaux
    - Les 3 régions les plus commandées
    - Commande la plus récente
- Enregistre les 10 commandes les plus populaires dans un fichier CSV

Défi : Test de performance

Chronométrez ces opérations sur 100 000 lignes :

python

```
%timeit df.head(1000)
%timeit df.nlargest(1000, 'montant')
```

→ Découvrez pourquoi nlargest est plus rapide.

Chapitre suivant : Filtrage avec WHERE → Indexation booléenne dans Pandas

Vous parlez maintenant**SQL de base en Python**Continuez à vous entraîner : ces schémas se répètent dans chaque tâche de traitement de données.

Chapitre 3

Filtrer les données comme un pro – Clauses WHERE et conditions

Le filtrage est au cœur de l'analyse des données. En SQL, on utilise WHERE pour affiner les résultats. En Python avec Pandas, on utilise**indexation booléenne**— une méthode puissante et intuitive pour ne conserver que les lignes qui vous intéressent. Ce chapitre vous apprend à traduire chaque clause WHERE courante en code Pandas clair et efficace.

À la fin, vous serez capable de :

- Filtrer avec une ou plusieurs conditions
- Vérifier l'adhésion (INSCRIPTION, NON-INSCRIPTION)
- Gérer les données manquantes (NULL)
- Construire un**projet de segmentation marketing réel**

Nous utiliserons un**ensemble de données clients**Tout au long du processus, comme pour une table clients SQL. Le code est entièrement testé, facile à comprendre pour les débutants et comprend :**cas d'utilisation concrets**, **étapes concrètes**, **conseils**, et **pièges courants**.

Filtrage à condition unique : clause SQL WHERE égale à l'indexation booléenne Pandas

Concept de base

En SQL :

SQL
```
SÉLECTIONNER *DE clients OÙ l'âge>30;
```

Dans Pandas, vous créez un**masque booléen**—une série de vrais/faux—puis utilisez-la à l'intérieur de [ ] :

python
```
masque =df['âge']>30
filtré=df[masque]
```

Ou en une phrase :

python
```
df[df['âge']>30]
```

Exemple de jeu de données : customers.csv

csv
```
identifiant_client,nom,âge,ville,dépenser,date_inscription,dernie
r_achat
```

```
1,Alice,28,New York,450,15 janvier 202410 mars 2025
2,Bob,35,Chicago,1200,2023-06-20,2025-03-08
3,Carol,42,Los Angeles,800,05/11/20232025-02-28
4,David,31,New York,600,10 février 202412 mars 2025
5,Veille,29,Chicago,300,2024-07-01,2025-03-01
6,Franc,38,Houston,950,15/09/20232025-03-09
```

Exemples de code

python

```
importerpandascommepd

df=pd.lire_csv("customers.csv")
df['date_d'inscription']=pd.to_datetime(df['date_d'inscription'])
df['dernier_achat']=pd.to_datetime(df['dernier_achat'])

# SQL : SELECT * FROM customers WHERE age > 30 ;
imprimer(« Clients de plus de 30 ans : »)
imprimer(df[df['âge']>30])

# SQL : SELECT name, spend FROM customers WHERE city
= 'New York';
imprimer("\nClients de New York - nom et dépenses :)
imprimer(df[df['ville']==« New York »][['nom', 'dépenser']])

# SQL : SELECT * FROM customers WHERE spend >= 1000 ;
imprimer("\nLes gros dépensiers :)
imprimer(df[df['dépenser']>=1000])
```

Production (dépensiers élevés) :

texte

```
identifiant_client nom âge ville dépenses date_inscription
dernier_achat
```

1 2 Bob 35 Chicago 1200 2023-06-20 2025-03-08

Application concrète

UN **équipe marketing**Ils souhaitent cibler les clients de plus de 35 ans ayant des dépenses élevées. Au lieu d'exporter les données vers Excel et de les filtrer manuellement, ils procèdent comme suit :

- Exécuter df[df['age'] > 35]
- Exporter au format CSV pour la campagne par e-mail

Étapes concrètes

1. Créez un fichier customers.csv avec les données ci-dessus.
2. Exécutez le code dans un notebook Jupyter.
3. Essayez ces filtres :
   - df[df['city'] == 'Chicago']
   - df[df['spend'] < 500]
   - df[df['signup_date'].dt.year == 2024]

Conseils

- Toujours **sélection de colonne de chaîne**après filtrage : df[cond][['col1', 'col2']]
- Utiliser **.copie()**si vous prévoyez de modifier : filtered = df[df['age'] > 30].copy()
- Les masques booléens sont réutilisables : masque = df['age'] > 30 ; df[masque]

Erreurs courantes

- df['âge' > 30] →**Erreur de syntaxe** (manquant])
- df['age'] > 30 sans [ ] → renvoie le masque, pas les données
- Comparer des chaînes de caractères avec = au lieu de ==
- Oubli de la conversion des dates → df['signup_date'] > '2024' échoue

---

Conditions multiples : SQL WHERE/AND traduit en opérateurs Pandas & et |

Concept de base

SQL :

```
SQL
SÉLECTIONNER *DE LA PART des clients
L'âge>30ET la ville=« New York »;
```

Pandas :

```
python
df[(df['âge']>30)&(df['ville']==« New York »)]
```

Utiliser:

- & → ET
- → OU
- ~ → NON
- **Les parenthèses sont obligatoires**

Exemples

python
```
# ET : âge > 30 ET dépenses > 700
imprimer("Public mature + dépenses élevées :")
imprimer(df[(df['âge']>30)&(df['dépenser']>700)])

# OU : ville = 'Chicago' OU 'Los Angeles'
imprimer("\nMidwest ou côte ouest :)
imprimer(df[(df['ville']==« Chicago »)|(df['ville']=='Los Angeles')])

# À NOTER : dépenser moins de 1000 $ ET PAS à New York
imprimer("\nDépenses de niveau intermédiaire, pas à New York
:)
imprimer(df[(df['dépenser']<1000)& ~(df['ville']==« New York »)])
```

Application concrète

UN **chef de produit**désire :

- Les clients à**Chicago**qui a dépensé**> 500 $**→ &
- Ou des clients dans**New York**moins de 30 ans →
- Exclure les comptes de test (nom != 'Test')

Étapes concrètes

1. Exécutez ce filtre combiné :

python

```
cible =df[
((df['ville']==« Chicago »)&(df['dépenser']>500))|
((df['ville']==« New York »)&(df['âge']<30))
]
imprimer("Segment cible :")
imprimer(cible[['nom', 'ville', 'âge', 'dépenser']])
```

2. Enregistrer :
   target.to_csv("marketing_segment.csv", index=False)

Conseils

- **Utilisez toujours des parenthèses.**autour de chaque condition

Décomposer les filtres complexes en masques :
python

```
masque1=(df['âge']>30)&(df['dépenser']>800)
masque2=df['ville'].isin(['Chicago', 'Houston'])
```

- df[masque1|masque2]

- Utilisez .query() pour une meilleure lisibilité (syntaxe alternative) :
  python
  ```
  df.query("Âge > 30 ans et dépenses > 700")
  ```

Erreurs courantes

- Utiliser et/ou →**Erreur de valeur** (utiliser & /)
- Oublier les parenthèses → logique erronée
- df['city'] == 'A' | 'B' → diffusions → utiliser isin()

Vérifications d'appartenance : SQL IN et NOT IN comme la méthode isin() de Pandas

Concept de base

SQL :

SQL
```
SÉLECTIONNER *DE clients OÙ villeDANS('Chicago', 'New
York');
SÉLECTIONNER *DES clients OÙ la ville N'EST
PASDANS('Houston');
```

Pandas :

python
```
df[df['ville'].isin(['Chicago', 'New York'])]
df[~df['ville'].isin(['Houston'])]
```

Exemples

python
```
# IN : ville de Chicago, New York ou Los Angeles
imprimer("Grandes villes :")
imprimer(df[df['ville'].isin(['Chicago', 'New York', 'Los Angeles'])])

# NON INCLUS : Houston exclu.
imprimer("\nPas à Houston :)
imprimer(df[~df['ville'].isin(['Houston'])])
```

```
# Combiner avec les dépenses
imprimer("\nDépenses élevées dans les grandes villes :)
imprimer(df[df['ville'].isin(['Chicago', 'New
York'])&(df['dépenser']>600)])
```

Application concrète

UN **directeur régional des ventes**désire :

- Tous les clients dans**Nord-Est**(New York, Boston)
- Exclure**villes d'essai**
- Se concentrer sur **inscriptions récentes**

Étapes concrètes

1. Ajoutez Boston aux données ou imaginez.
2. Courir:

```python
nord-est=df[df['ville'].isin(['New York', 'Boston'])]
récent =nord-est[nord-est['date_d'inscription']>='2024-01-01']
imprimer(récent)
```

Conseils

- isin() fonctionne sur**tout itérable**: liste, tuple, ensemble
- Chaînez avec ~ pour NON DANS
- Utilisez .str.contains() pour une correspondance partielle :
  ```python
  df[df['nom'].str.contains('ali|bob', cas=FAUX)]
  ```

Erreurs courantes

- df['city'] dans [...] → vérifie si le nom de la colonne existe
- Oublier ~ pour PAS DANS
- Utilisation de isin sur des chaînes de caractères non-chaînes avec prise en compte de la casse

---

Gestion des valeurs NULL et des cas particuliers : comparaison entre la méthode IS NULL de SQL et la méthode isnull() de Pandas

Concept de base

SQL :

```
SQL
SÉLECTIONNER *FROM clients WHERE dernier_achatEST NUL;
SÉLECTIONNER *FROM clients WHERE dernier_achatEST PAS NUL;
```

Pandas :

```
python
df[df['dernier_achat'].isnull()]
df[df['dernier_achat'].notnull()]
```

Ou plus court :

```python
df[df['dernier_achat'].isna()]
df[df['dernier_achat'].note()]
```

Ajouter des valeurs NULL à l'ensemble de données

Mettre à jour le fichier customers.csv :

```csv
7,Grâce,33,,550,10 mai 2024
```

→ Les champs « ville » et « dernier_achat » sont vides.

Exemples

```python
# EST NULL : dernier_achat manquant
imprimer(« Aucun achat récent : »)
imprimer(df[df['dernier_achat'].isnull()])

# N'EST PAS NUL + dépenses élevées
imprimer("\nDépensiers actifs et importants :)
imprimer(df[df['dernier_achat'].notnull()&(df['dépenser']>700)])

# Indiquez « Inconnu » pour la ville manquante
df['ville']=df['ville'].remplir('Inconnu')
imprimer("\nAprès avoir rempli la ville :)
imprimer(df[df['ville']== 'Inconnu'])
```

Application concrète

UN **équipe de prévention du désabonnement**drapeaux
:

- Clients avec**aucun achat pendant 90 jours**
- Ou **coordonnées manquantes**

Ils utilisent la fonction isnull() pour nettoyer et prioriser les actions de sensibilisation.

Étapes concrètes

1. Ajouter une ligne avec les valeurs manquantes.
2. Courir:

python
```
# Clients inactifs depuis plus de 60 jours
depuisdate et heureimportertimedelta
couper =pd.Timestamp('2025-03-12')-timedelta(jours=60)
inactif=df[
(df['dernier_achat']< couper) |
(df['dernier_achat'].isnull())
]
imprimer(« Clients inactifs : »)
imprimer(inactif[['nom', 'dernier_achat']])
```

3. Supprimer les lignes contenant des données critiques manquantes :
   python
   ```
   df_clean=df.dropna(sous-ensemble=['dernier_achat'])
   ```

Conseils

- Utilisez df.isnull().sum() pour compter les valeurs manquantes par colonne
- fillna() pour l'imputation : df['spend'].fillna(0)
- dropna(how='all') pour supprimer les lignes vides

Erreurs courantes

- df['col'] == None → ne fonctionne pas → utilisez isnull()
- Remplir les données avant l'analyse → fausse les statistiques
- dropna() sans sous-ensemble → supprime trop d'éléments

Projet concret : Filtrer les données clients pour obtenir des informations marketing ciblées

Objectif du projet

Construire un**tableau de bord de segmentation marketing**:

1. **Clients VIP**: dépenser plus de 800 $**et**actif au cours des 30 derniers jours
2. **à risque**: dépenser plus de 500 $**mais**Aucun achat depuis plus de 60 jours
3. **Nouveau potentiel**: inscrit en 2024**et**dépenser plus de 300 $
4. **Focus régional**Chicago et New York, hors dépenses faibles (< 400 $)

Exportez chaque segment au format CSV.

Code complet

```
python
importerpandascommepd
depuisdate et heureimportertimedelta

# Charger et préparer
df=pd.lire_csv("customers.csv")
df['date_d'inscription']=pd.to_datetime(df['date_d'inscription'])
df['dernier_achat']=pd.to_datetime(df['dernier_achat'])
aujourd'hui =pd.Timestamp('2025-03-12')

# Nettoyer : combler les lacunes de la ville
df['ville']=df['ville'].remplir('Inconnu')

# Segment 1 : VIP
VIP=df[
(df['dépenser']>800)&
(df['dernier_achat']>= aujourd'hui -timedelta(jours=30))
]
vip.to_csv("vip_customers.csv", indice=FAUX)

# Segment 2 : À risque
à risque=df[
(df['dépenser']>500)&
((df['dernier_achat']< aujourd'hui -timedelta(jours=60))|
df['dernier_achat'].isnull())
]
à_risque.to_csv("at_risk.csv", indice=FAUX)

# Segment 3 : Nouveaux talents à fort potentiel
nouveau_potentiel=df[
(df['date_d'inscription'].dt.année==2024)&
(df['dépenser']>300)
]
nouveau_potentiel.to_csv("new_potential.csv", indice=FAUX)

# Segment 4 : Focus régional
régional=df[
```

```
df['ville'].isin(['Chicago', 'New York'])&
(df['dépenser']>=400)
]
régional.to_csv("regional_focus.csv", indice=FAUX)

# Résumé
imprimer(« Segments marketing créés : »)
imprimer(f"VIP :{seulement(VIP)}")
imprimer(f"À risque :{seulement(à risque)}")
imprimer(f« Nouveau potentiel
:{seulement(nouveau_potentiel)}")
imprimer(f« Régional :{seulement(régional)}")
```

Exemple de sortie

texte

```
Segments marketing créés :
VIP : 1
Personnes à risque : 0
Nouveau potentiel : 2
Régional : 2
```

Application concrète

Ce script s'exécute**hebdomadaire**Équipe marketing :

- Téléverse le fichier vip_customers.csv dans l'outil d'envoi par e-mail
- Déclenche une campagne de reconquête pour at_risk.csv
- Affecte les représentants commerciaux au fichier regional_focus.csv

Étapes concrètes

1. Augmenter le nombre de lignes à plus de 50.
2. Exécuter le script complet.

Ajouter une visualisation :

python

```
importermatplotlib.pyplotcommeplt
segments=['VIP', « À risque », 'Nouveau', 'Régional']
comptes=[seulement(vip),seulement(à
risque),seulement(nouveau_potentiel),seulement(régional)]
plt.bar(segments, counts)
plt.title(« Segments de marché »)
```

3. plt.savefig("segments.png")

Résumé des principaux points à retenir

SQL	Pandas
LORSQUE l'âge est supérieur à 30 ans	df[df['âge'] > 30]
OÙ l'âge > 30 ET la ville = 'NY'	df[(df['age'] > 30) & (df['city'] == 'NY')]
OÙ ville DANS ('A', 'B')	df[df['city'].isin(['A', 'B'])]
OÙ col est nul	df[df['col'].isnull()]
WHERE col n'est pas nul	df[df['col'].notnull()]

Vous avez maîtriséindexation booléenne:

- affections simples et multiples
- &, , ~, est dans(), est nul()
- J'ai construit un**pipeline de segmentation prêt pour la production**

Exercices pratiques et défis

Exercice 1 : Exercices de filtrage

Traduire:

SQL

```
1Où dépenserENTRE500 ET 1000
2. OÙ ville NONDANS('Houston', 'Inconnu') ET l'âge<35
3. OÙ dernier_achatEST NUL
OUdate_d'inscription>'2024-06-01'
```

Solutions :

python

```
1. df[df['dépenser'].entre(500, 1000)]
2. df[~df['ville'].isin(['Houston', 'Inconnu'])&(df['âge']<35)]
3.
df[df['dernier_achat'].isnull()|(df['date_d'inscription']>'2024-06-01
')]
```

Exercice 2 : Créer une fonction de filtrage

python

```
deffiltrer_clients(df, dépense minimale=Aucun, villes=Aucun,
âge_max=Aucun):
   masque =pd.Series([Vrai]*seulement(df))
   sidépense_min : masque&=df['dépenser']>=dépense
minimale
   sivilles : masque&=df['ville'].isin(villes)
   siâge_max : masque&=df['âge']<=âge_max
   retourdf[masque]
```

Test : filter_customers(df, 600, ['Chicago'], 40)

Exercice 3 : Score de risque de désabonnement

Ajouter une colonne :

python

```
df['jours_depuis_l'achat']= (aujourd'hui
-df['dernier_achat']).dt.jours
df['risque_de_churn']=df['jours_depuis_l'achat']>90
```

Défi : Segmentation dynamique

Rédigez un script qui :

- Recueille les données saisies par l'utilisateur (ville, dépense minimale)
- Retourne un fichier CSV filtré
- Nombre de journaux dans segment_log.txt

Chapitre suivant : Agrégation des données – Fonctions GROUP BY et SYNTHÈSE

Vous filtrez maintenant comme un**données ninja**. Combinez cela avec le chapitre 2 (SELECT, LIMIT) pour construire des requêtes complètes de style SQL en Python.

Chapitre 4

Agrégation de données – Synthèse avec des fonctions SQL en Python

L'agrégation transforme les données brutes en**informations exploitables**En SQL, on utilise MIN, MAX, COUNT et AVG pour effectuer des synthèses. Avec Pandas, on fait la même chose, et bien plus encore, grâce à `.describe()`, `.agg()`, `.nunique()` et `.value_counts()`. Ce chapitre vous apprend à traduire chaque fonction d'agrégation SQL en code Python rapide et lisible.

À la fin, vous aurez :

- Calculer les statistiques de base telles que le nombre de requêtes SQL, la moyenne, le minimum et le maximum.
- Compter les valeurs uniques (COUNT DISTINCT)
- Trouver l'élément le plus fréquent (mode)
- Créer des agrégations personnalisées
- Exécuter un**laboratoire d'analyse e-commerce complet**

Nous utiliserons un**ensemble de données de transactions**(transactions.csv) qui imite une table de commandes SQL. Tout le code est testé, facile à prendre en main pour les débutants et comprend**cas d'utilisation concrets**, **actions étape par étape**, **conseils**, et **pièges courants**.

Agrégations de base : MIN, MAX, COUNT et AVG en SQL dans les fonctions describe() et agg() de Pandas

Concept de base

En SQL :

SQL
```
SÉLECTIONNER
  COMPTER(*)commetotal_commandes,
MOYENNE (montant)commevente_moyenne,
MIN(montant)commele moins cher,
MAX(montant)commele plus cher
À PARTIR des transactions ;
```

Dans Pandas :

python
```
df['montant'].agg(['compter', 'signifier', 'min', 'max'])
```

Ou utilisez .describe() pour un résumé rapide.

Exemple de jeu de données : transactions.csv

```csv
numéro_de_commande,identifiant_client,produit,montant,catégorie,date,région
1001,1,Ordinateur portable,1200,Électronique,05/01/2025Nord
1002,2,Souris,25,Accessoires,06/01/2025Sud
1003,1,Clavier,75,Accessoires,2025-01-07,Nord
1004,3,Moniteur,300,Électronique,2025-01-08,Ouest
1005,2,Souris,25,Accessoires,09/01/2025Sud
1006,4,Webcam,80,Électronique,10 janvier 2025Est
1007,1,Clé USB,15,Accessoires,11 janvier 2025Nord
```

Exemples de code

```python
importerpandascommepd

df=pd.lire_csv("transactions.csv")
df['date']=pd.to_datetime(df['date'])

# SQL : SELECT COUNT(*), AVG(montant), MIN(montant),
MAX(montant)
résumé =df['montant'].agg({
    'montant': ['compter', 'signifier', 'min', 'max']
})
imprimer(« Résumé de base : »)
imprimer(résumé)

# Utilisation de describe() - une seule ligne
imprimer("\n.describe() sortie :")
imprimer(df['montant'].décrire())
```

Sortir:

texte

Résumé de base :
montant
compte 7,00
moyenne 245,71
min 15.00
max 1200,00

Sortie de .describe() :
compte 7.000000
moyenne 245,714286
standard 444,858689
min 15.000000
25 % 25,000000
50% 75,000000
75 % 300,000000
max 1200.000000

Colonnes multiples

python
```
# SQL : SELECT COUNT(order_id), AVG(amount), MAX(date)
multi_agg=df.agg({
'order_id':'compter',
   'montant': ['signifier', 'somme'],
   'date':'max'
})
imprimer("\nAgrégation multi-colonnes :)
imprimer(multi_agg)
```

Application concrète

UN **gérant de magasin**a besoin d'un**tableau de bord quotidien**:

- Nombre total de commandes → nombre
- Taille moyenne des billets → moyenne

- Meilleure vente → max
- Recettes → somme

Ils exécutent ce script tous les matins.

Étapes concrètes

1. Créez un fichier transactions.csv contenant les données.
2. Exécutez le code ci-dessus.
3. Essayer:
   python
   ```
   df[['montant', 'order_id']].agg(['compter', 'signifier',
   'somme'])
   ```

Conseils

- Utiliser **agrégation nommée**dans .agg() pour plus de clarté
- .describe() inclut**quartiles** et **écart type**
- Utilisez la fonction .round(2) pour obtenir un résultat propre.

Erreurs courantes

- df.agg('mean') → fonctionne uniquement sur les valeurs numériques
- Oubli de la sélection de la colonne → df.agg(['mean']) → tente de traiter toutes les colonnes
- count() inclut**Non**, size() compte toutes les lignes

Comptage des valeurs uniques : COUNT DISTINCT en SQL via la fonction nunique() de Pandas

Concept de base

SQL :

SQL

```
SÉLECTIONNER COUNT(DISTINCT customer_id) FROM
transactions;
SÉLECTIONNER COUNT(DISTINCT produit) FROM
transactions;
```

Pandas :

python

```
df['customer_id'].nunique()
df[['customer_id', 'produit']].nunique()
```

Exemples

python

```
# Nombre total de clients uniques
imprimer(« Clients uniques : », df['customer_id'].nunique())

# Produits uniques
imprimer(« Produits uniques : », df['produit'].nunique())

# Unique par colonne
imprimer("\nNombre unique par colonne :)
imprimer(df[['customer_id', 'produit', 'région']].nunique())
```

Sortir:

texte
Clients uniques : 4
Produits uniques : 6
Nombre d'unités uniques par colonne :
identifiant_client 4
produit 6
région 4

Avec filtrage

```python
# SQL : SELECT COUNT(DISTINCT customer_id) FROM transactions WHERE amount > 100 ;
clients à forte valeur ajoutée=df[df['montant']>100]['customer_id'].nunique()
imprimer(« Clients uniques à forte valeur ajoutée : », clients à forte valeur ajoutée)
```

Application concrète

UN **analyste marketing**désire :

- Combien **acheteurs uniques**par mois ?
- Combien **produits distincts**vendu dans le secteur de l'électronique ?

```python
df[df['catégorie']==« Électronique »]['produit'].nunique()
```

Étapes concrètes

1. Ajoutez plus de 20 lignes au fichier transactions.csv.

Courir:
python
monthly_uniques
=df.groupby(df['date'].dt.mois)['customer_id'].nunique()

2. imprimer(monthly_uniques)

Conseils

- nunique(dropna=False) → compte NaN comme unique
- Utiliser avec groupby pour**per-group uniques**
- value_counts() + count() → équivalent à nunique

Erreurs courantes

- len(df['col'].unique()) → plus lent que nunique()
- df['col'].count() → compte les valeurs non nulles,**pas unique**
- Oublier de filtrer avant nunique

Mode de calcul : Au-delà du SQL – Utilisation du comptage des valeurs Pandas pour l'analyse de fréquence

Concept de base

SQL ne possède pas de mode intégré. Vous avez besoin de requêtes complexes.

Pandas vous offre**mode** et **fréquence**instantanément :

python
```
df['produit'].mode()# Le plus fréquent
df['produit'].value_counts()# Tableau de fréquences complet
```

Exemples

python
```
# Produit le plus courant
imprimer(« Produit le plus vendu : »)
imprimer(df['produit'].mode()[0])

# Pleine fréquence
imprimer("\nFréquence du produit :)
imprimer(df['produit'].value_counts())

# Top 3 des produits
imprimer("\nTop 3 des produits :)
imprimer(df['produit'].value_counts().head(3))
```

Sortir:

texte
```
Produit le plus vendu :
Souris

Fréquence du produit :
produit
Souris 2
Ordinateur portable 1
Clavier 1
Moniteur 1
```

Webcam 1
Clé USB 1

Top 3 des produits :
Souris 2
Ordinateur portable 1
Clavier 1

Mode à plusieurs colonnes

python
```
# Paire catégorie-région la plus fréquente
imprimer(df[['catégorie', 'région']].mode())
```

Application concrète

UN **gestionnaire de catégorie**désire :

- **Produit le plus vendu**→ mode()
- **Distribution des ventes**→ compte_valeurs()
- **Les personnes lentes**→ bas de value_counts()

Étapes concrètes

Courir:
python
```
fréquence=df['catégorie'].value_counts(normaliser=Vrai)*100
imprimer("Catégorie % slièvre:")
```

1. imprimer(fréquence.arrondi(1))

2. Parcelle:
   python
   ```
   df['produit'].value_counts().plot(gentil='bar',
   titre=«Ventes de produits»)
   ```

Conseils

- normaliser=Vrai → pourcentages
- value_counts().index[0] → élément le plus fréquent
- Utilisez .nlargest(5) sur value_counts() pour les N premiers.

Erreurs courantes

- df['col'].mode → renvoie**Série**, utilisez [0] pour la valeur
- value_counts() sur les nombres numériques → intervalles
- Oublier .head() → affiche tout

Agrégations personnalisées : Création de fonctions de synthèse flexibles

Concept de base

Allez au-delà des fonctionnalités intégrées. Définissez**le vôtre**agrégations.

python
```
defrange_de_revenus(x):
  retourx.max()-x.min()

df['montant'].agg(revenue_range)
```

Ou utilisez**lambda**:

```
python
df['montant'].agg(lambdax: x.quantile(0,9)-x.quantile(0,1))
```

Exemples

```
python
# Personnalisé : 90e percentile
imprimer("Vente du 90e centile :", df['montant'].agg(lambdax:
x.quantile(0,9)))

# Personnalisé : coefficient de variation
defCV(x):
   retourx.std()/x.moyenne()six.moyenne()!=0 autre0

imprimer("CV du montant :", df['montant'].agg(cv).round(3))

# Statistiques personnalisées multiples
statistiques personnalisées=df['montant'].agg([
   'signifier',
'std',
lambdax: x.quantile(0,75)-x.quantile(0,25),# IQR
« biais »
])
custom_stats.index=['moyenne', 'std', 'iqr', « asymétrie »]
imprimer("\nStatistiques personnalisées :)
imprimer(statistiques_personnalisées)
```

Agrégations nommées

```
python
résumé =df.agg(
total_commandes=('order_id', 'compter'),
vente moyenne=('montant', 'signifier'),
meilleures ventes=('montant', 'max'),
clients_uniques=('customer_id', 'nunique'),
```

```
produit le plus courant=('produit', lambdax:
x.mode()[0]sinonx.videautre Aucun)
)
imprimer("\nRésumé nommé :)
imprimer(résumé)
```

Application concrète

UN **directeur financier**désire :

- **Valeur moyenne des commandes**
- **90e percentile**(pour le niveau premium)
- **IQR**(pour la variabilité)
- **Produit le plus courant**

Tout dans**une ligne**.

Étapes concrètes

Définir:
python
```
defmarge bénéficiaire(x):
```

1. retour(x-x*0,4).signifier() *# Marge de 40 %*

2. Appliquer : df['amount'].agg(profit_margin)

Conseils

- Utiliser **agrégation nommée**pour une sortie propre
- Combinez les fonctions intégrées et personnalisées dans .agg()
- Testez d'abord la fonction personnalisée sur un petit ensemble de données.

Erreurs courantes

- Retour**Série**dans une fonction personnalisée → utiliser un scalaire
- Utilisation de x.mean sans vérifier si l'utilisateur est vide
- Oublier lambda x : syntaxe

Atelier pratique : Agrégation des données de transactions de commerce électronique pour les indicateurs clés

Objectif du projet

Construire un**rapport complet sur les indicateurs clés de performance (KPI) du commerce électronique**:

1. Indicateurs globaux (chiffre d'affaires total, panier moyen, commandes)
2. Performance par catégorie
3. Informations par région
4. Meilleurs produits et clients
5. Exporter vers kpi_report.csv

Code complet

python

```
importerpandascommepd
```

```
# Charger et préparer
df=pd.lire_csv("transactions.csv")
df['date']=pd.to_datetime(df['date'])
df['revenu']=df['montant']# en supposant que le montant =
revenu

# 1. Indicateurs clés de performance globaux
dans l'ensemble =df.agg(
revenu_total=('revenu', 'somme'),
total_commandes=('order_id', 'compter'),
valeur_moyenne_de_commande=('revenu', 'signifier'),
vente la plus élevée=('revenu', 'max'),
clients_uniques=('customer_id', 'nunique'),
produits_uniques=('produit', 'nunique')
).rond(2)

# Ajouter AOV
dans l'ensemble['valeur_moyenne_commande']= dans
l'ensemble['revenu_total']/ dans l'ensemble['total_commandes']

2. Par catégorie
catégorie_kpi=df.groupby('catégorie').agg(
   revenu=('revenu', 'somme'),
commandes=('order_id', 'compter'),
aov=('revenu', 'signifier'),
produits_uniques=('produit', 'nunique')
).rond(2)
catégorie_kpi['part_revenus_%']=(catégorie_kpi['revenu']/ dans
l'ensemble['revenu_total']*100).rond(1)

3. Par région
région_kpi=df.groupby('région').agg(
   revenu=('revenu', 'somme'),
commandes=('order_id', 'compter'),
aov=('revenu', 'signifier')
).rond(2)
```

```
4. Top 5 des produits
meilleurs produits=df.groupby('produit').agg(
total_vendu=('montant', 'somme'),
commandes=('order_id', 'compter')
).nplusgrand(5, 'total_sold').rond(2)

# 5. Nos 5 meilleurs clients
meilleurs clients=df.groupby('customer_id').agg(
total_dépensé=('montant', 'somme'),
commandes=('order_id', 'compter')
).nplusgrand(5, 'total_dépensé').rond(2)

# Combiner dans un rapport
rapport =pd.DataFrame({
« Métrique »: global.index,
   'Valeur': valeurs globales
})

# Tout enregistrer
avecpd.ExcelWriter('ecommerce_kpi_report.xlsx')commeécrivai
n :
rapport.to_excel(écrivain,nom_de_la_feuille='Résumé',
indice=FAUX)
catégorie_kpi.to_excel(écrivain,nom_de_la_feuille=« Par
catégorie »)
région_kpi.to_excel(écrivain,nom_de_la_feuille=« Par région »)
meilleurs_produits.to_excel(écrivain,nom_de_la_feuille=«
Meilleurs produits »)
meilleurs_clients.to_excel(écrivain,nom_de_la_feuille=«
Meilleurs clients »)

imprimer("Rapport KPI généré : ecommerce_kpi_report.xlsx")
imprimer("\nRésumé:")
imprimer(rapport)
```

Exemple de sortie

texte
Résumé:
Valeur métrique
0 total_revenu 1720.00
1 commande totale 7,00
2 meilleures ventes 1200,00
3 clients uniques 4,00
4 produits uniques 6,00

Application concrète

Ce rapport s'exécute**hebdomadaire**Utilisation du leadership :

- **AOV**suivre la stratégie de tarification
- **Part de catégorie**pour répartir les stocks
- **Meilleurs clients**pour les programmes de fidélité

Étapes concrètes

1. Étendre l'ensemble de données à plus de 100 lignes.
2. Exécuter le script complet.
3. Ajouter:
    - Tendance mensuelle : df.groupby(df['date'].dt.month)['revenue'].sum()
    - Taux de retour (si vous ajoutez une colonne de retour)

Résumé des principaux points à retenir

SQL	Pandas
COMPTER(*)	len(df) ou df['col'].count()
RGPD(col)	df['col'].moyenne()
MIN/MAX	min() / max()
COUNT(DISTINCT col)	df['col'].nunique()
Aucun MODE	df['col'].mode()[0]
Coutume	lambda x: ... dans .agg()

Vous avez maîtrisé**agrégation**:

- Statistiques intégrées avec .describe() et .agg()
- Nombre unique avec nunique()
- Fréquence avec valeurs_counts()
- Fonctions personnalisées
- Pipeline complet des KPI

Exercices pratiques et défis

Exercice 1 : Agrégations rapides

SQL

```
1SELECT AVG(montant), SUM(montant) FROM transactions
WHERE catégorie=« Électronique »;
2SELECT region, COUNT(DISTINCT customer_id) FROM
transactions GROUPPAR région;
```

Traduisez et exécutez.

Exercice 2 : Métrique personnalisée

Définir l'écart_absolu_médian :

python

```
def fou(x):
   retour(x-x.médiane()).abs().médiane()
```

Appliquer au montant.

Exercice 3 : Créer une fonction de tableau de bord

python

```
deftableau de bord KPI(df, groupe_col):
   retourdf.groupby(group_col).agg(
      revenu=('montant', 'somme'),
commandes=('order_id', 'compter'),
aov=('montant', 'signifier'),
clients_uniques=('customer_id', 'nunique')
   ).rond(2)
```

Testez avec group_col='category' et 'region'.

Défi : Détection d'anomalies

Commandes de drapeaux supérieures à 3 écarts-types de la moyenne :

python
```
signifier =df['montant'].signifier()
standard=df['montant'].std()
df['est_une_anomalie']=df['montant']> (signifier +3*standard)
```

Compter les anomalies.

Chapitre suivant : GROUP BY et fonctions de fenêtrage

À votre tour maintenant**transformation des données brutes en indicateurs clés de performance (KPI)**. Combinez avec le chapitre 3 (filtrage) pour construire une analyse SQL complète en Python.

Chapitre 5

Regroupement et synthèse – SQL GROUP BY rencontre Pandas groupby()

Le regroupement est l'endroit où**Les données se transforment en décisions**En SQL, la clause GROUP BY divise les données en groupes et résume chaque groupe. En Pandas, la fonction groupby() fait la même chose, mais plus rapidement, avec plus de flexibilité et en moins de code. Ce chapitre vous montre comment traduire n'importe quelle requête GROUP BY en Python.

À la fin, vous aurez :

- Séparer les données par n'importe quelle colonne
- Agrégation avec COUNT, SUM, AVG, MIN, MAX
- Poignée **plusieurs niveaux**groupement
- Construire **tableaux pivots**(Équivalent à SQL CUBE)
- Exécuter un**projet d'analyse complète des ventes régionales**

Nous utiliserons un**ensemble de données de ventes**(sales_data.csv) qui imite une véritable table de ventes SQL. Tout le code est testé, facile à prendre en main pour les débutants et comprend**cas d'utilisation concrets**, **étapes concrètes**, **conseils**, et **pièges courants**.

Principes de base du regroupement : Comparaison entre SQL GROUP BY et la fonction groupby() de Pandas pour l'analyse segmentée

Concept de base

SQL :

SQL
```
SÉLECTIONNER la région,
SOMME(montant)commeventes_totales
À PARTIR DES ventes
GROUPE PAR région;
```

Pandas :

python
```
df.groupby('région')['montant'].somme()
```

C'est aussi simple que ça.

Comment fonctionne groupby()

1. **Diviser**→ par région
2. **Appliquer**→ somme() à montant
3. **Combiner**→ dans une nouvelle série/un nouveau DataFrame

Exemple de jeu de données : sales_data.csv

csv

```
numéro_de_commande,identifiant_client,produit,montant,catég
orie,région,date
1001,1,Ordinateur portable,1200,Électronique,Nord,05/01/2025
1002,2,Souris,25,Accessoires,Sud,2025-01-06
1003,1,Clavier,75,Accessoires,Nord,2025-01-07
1004,3,Moniteur,300,Électronique,Ouest,2025-01-08
1005,2,Souris,25,Accessoires,Sud,2025-01-09
1006,4,Webcam,80,Électronique,Est,10 janvier 2025
1007,1,Clé USB,15,Accessoires,Nord,11 janvier 2025
1008,5,Casque audio,150,Audio,Sud,12 janvier 2025
1009,3,Imprimante,400,Bureau,Ouest,13 janvier 2025
1010,6,Comprimé,600,Électronique,Est,14 janvier 2025
```

Exemples de code

python

```
importerpandascommepd

df=pd.lire_csv("données_ventes.csv")
df['date']=pd.to_datetime(df['date'])

# SQL : SELECT region, COUNT(*) FROM sales GROUP BY
region ;
imprimer("Commandes par région :")
imprimer(df.groupby('région').taille())

# SQL : SELECT region, SUM(amount) FROM sales GROUP
BY region ;
imprimer("\nRevenus par région :)
```

```
imprimer(df.groupby('région')['montant'].somme())

# SQL : SELECT region, AVG(amount) FROM sales GROUP
BY region ;
imprimer("\nAOV par région :)
imprimer(df.groupby('région')['montant'].moyenne().arrondi(2))
```

Sortir:

```
texte
Revenus par région :
région
Est 680
Nord 1290
Sud 200
Ouest 700

AOV par région :
région
Est 340,00
Nord 430,00
Sud 66,67
Ouest 350,00
```

Application concrète

UN **directeur des ventes**désire :

- Lequel **régiona** le chiffre d'affaires le plus élevé ?
- Qui a**la plupart des commandes**?
- Où est **AOV**le plus bas ?

groupby() renvoie dans**une ligne**.

Étapes concrètes

1. Créer le fichier sales_data.csv.
2. Exécutez le code.
3. Essayer:
   python
   df.groupby('catégorie')['montant'].sum().sort_values(asc endant=FAUX)

Conseils

- taille() → compte**toutes les lignes**(y compris les doublons)
- compter() → comptes**non nul**par colonne
- Utilisez la méthode `reset_index()` de la chaîne pour convertir une série en DataFrame.

Erreurs courantes

- df.groupby('region')['amount'].sum → missing ()
- Oublier [] → regrouper par l'ensemble du DataFrame → lent
- regrouper sans agrégation → résultats**objet**, pas des données

---

Agrégation au sein des groupes : combinaison des opérations COUNT, SUM et AVG dans les opérations groupées

Concept de base

Courir **agrégations multiples**par groupe.

SQL :

```
SQL
SÉLECTIONNER
  région,
  COMPTER(*)commecommandes,
SOMME(montant)comme revenu,
MOYENNE (montant)commeaov
À PARTIR DES ventes
GROUPE PAR région;
```

Pandas :

```
python
df.groupby('région').agg({
'order_id':'compter',
   'montant': ['somme', 'signifier']
})
```

Ou utilisez**agrégation nommée**:

```
python
df.groupby('région').agg(
commandes=('order_id', 'compter'),
   revenu=('montant', 'somme'),
aov=('montant', 'signifier')
).rond(2)
```

Exemples de code

```
python
# Agrégations multiples
```

```
résumé =df.groupby('région').agg(
commandes=('order_id', 'compter'),
   revenu=('montant', 'somme'),
aov=('montant', 'signifier'),
ma_vente=('montant', 'min'),
vente maximale=('montant', 'max')
).rond(2)

imprimer(« Résumé régional complet : »)
imprimer(résumé)
```

Sortir:

```
texte
orders  revenue   aov  min_sale  max_sale
région
Est 2 680 340,0 80 600
Nord 3 1290 430,0 15 1200
Sud 3 200 66,7 25 150
Ouest 2 700 350,0 300 400
```

Avec filtrage

```
python
# Commandes de grande valeur uniquement
valeur élevée=df[df['montant']>100].groupby('région').agg(
commandes de grande valeur=('order_id', 'compter'),
revenus à forte valeur ajoutée=('montant', 'somme')
)
imprimer("\nValeur élevée (> 100 $):)
imprimer(valeur élevée)
```

Application concrète

UN **équipe financière** besoins:

- **Ordres**, **revenu**, **AOV**par région
- **Min/max**repérer les valeurs aberrantes
- **Segment à haute valeur ajoutée**pour une stratégie premium

Étapes concrètes

1. Exécuter le résumé complet.
2. Ajouter:
   python
   ```
   résumé['part_revenus_%']= (résumé['revenu']/
   résumé['revenu'].somme() *100).rond(1)
   ```
3. Trier : summary.sort_values('revenue', ascending=False)

Conseils

- Utiliser **agrégation nommée**→ noms de colonnes propres
- .round(2) → sortie lisible
- Enregistrer : summary.to_csv("regional_kpi.csv")

Erreurs courantes

- Mélanger liste et dictionnaire dans .agg() → utiliser une seule syntaxe
- moyenne sur non numérique → convertir d'abord
- Oublier .round() → décimales désordonnées

Gestion des regroupements à plusieurs niveaux : catégories imbriquées dans des jeux de données réels

Concept de base

Grouper par**deux ou plus**colonnes.

SQL :

```
SQL
SÉLECTIONNER région, catégorie, SOMME(montant)
À PARTIR DES ventes
GROUPE PARrégion, catégorie;
```

Pandas :

```
python
df.groupby(['région', 'catégorie'])(['montant'].somme()
```

Exemples de code

```
python
# Groupe à plusieurs niveaux
multi=df.groupby(['région', 'catégorie']).agg(
   revenu=('montant', 'somme'),
commandes=('order_id', 'compter'),
aov=('montant', 'signifier')
).rond(2)

imprimer("Revenus par région et catégorie :")
imprimer(multi)
```

Sortir:

```
texte
ordres de recettes aov
catégorie régionale
East Electronics 680 2 340.0
Accessoires Nord 90 2 45.0
Électronique 1200 1 1200.0
Accessoires Sud 50 2 25.0
Audio 150 1 150.0
West Electronics 300 1 300.0
Bureau 400 1 400.0
```

Désempiler pour la vue Tableau

```
python
# Vue de type pivot
imprimer("\nMatrice des revenus :)
imprimer(multi['revenu'].désempiler(valeur_de_remplissage=0))
```

Sortir:

```
texte
Catégorie Accessoires Audio Électronique Bureau
région
Est 0 0 680 0
Nord 90 0 1200 0
Sud 50 150 0 0
Ouest 0 0 300 400
```

Application concrète

UN **chef de produit**désire :

- Lequel **catégorie**domine dans**Nord**?
- Où sont**Accessoires**sous-performant ?

Étapes concrètes

1. Gérer un groupe à plusieurs niveaux.
2. Essayer:
   python
   ```
   df.groupby(['catégorie',
   'région'])(['montant'].somme().désempiler()
   ```
3. Filtre : multi.loc[multi['orders'] > 1]

Conseils

- Utiliser **liste**dans groupby() pour les niveaux multiples
- .unstack() → retourne l'index → colonnes
- .stack() → inverser

Erreurs courantes

- groupby('region', 'category') →**Erreur**→ utiliser la liste
- Oubli de sélectionner la colonne avant l'agrégation
- Confusion liée à plusieurs index → utilisez .reset_index()

Regroupement avancé : Tableaux croisés dynamiques (équivalent SQL CUBE)

Concept de base

CUBE SQL→ toutes les combinaisons de groupes.

Pandas pivot_table()→ même puissance, plus facile.

python
```
pd.pivot_table(
df,
valeurs='montant',
index='région',
colonnes='catégorie',
fonction d'aggré='somme',
valeur_de_remplissage=0,
marges=Vrai  # Total
)
```

Exemples de code

python
```
# Tableau croisé dynamique complet avec totaux
pivot=pd.pivot_table(
df,
valeurs='montant',
index='région',
colonnes='catégorie',
fonction d'aggré=['somme', 'signifier'],
valeur_de_remplissage=0,
marges=Vrai,
nom_margins='Total'
```

```
)

imprimer(« Tableau croisé dynamique des ventes : »)
imprimer(pivot.round(2))
```

Résultat (partiel) :

```
texte
somme moyenne
Accessoires Audio Électronique Bureau Total Accessoires
Audio Électronique Bureau Total
région
Est 0 0 680 0 680 0,0 0,0 340,0 0,0 340,0
Nord 90 0 1200 0 1290 45,0 0,0 1200,0 0,0 430,0
...
Total 140 150 2180 400 2870 46,7 150,0 545,0 400,0 287,0
```

Agrégations multiples

```
python
# Nombre + Somme
pivot_multi=pd.pivot_table(
df,
valeurs='montant',
index='région',
colonnes='catégorie',
fonction d'aggré={'montant': ['compter', 'somme']},
valeur_de_remplissage=0
)
imprimer(pivot_multi)
```

Application concrète

UN **directeur financier**désire :

- **matrice des revenus**par région × catégorie

- **Totaux généraux**
- **Vente moyenne**par cellule

Utilisé dans**présentations au conseil d'administration**.

Étapes concrètes

1. Exécuter le tableau croisé dynamique.
2. Exporter:
   python
   ```
   pivot.to_excel("sales_pivot.xlsx")
   ```
3. Essayez aggfunc='count' pour le volume des commandes.

Conseils

- margins=True → SQL AVEC ROLLUP
- fill_value=0 → effacer les zéros
- Utilisez style.format() pour les rapports

Erreurs courantes

- pivot() vs pivot_table() → pivot() échoue en cas de doublons
- Oublier aggfunc → valeur par défaut moyenne
- Grands pivots → problèmes de mémoire → agréger d'abord

Présentation du projet : regrouper et analyser étape par étape les tendances des ventes régionales

Objectif du projet

Construire un**rapport sur les tendances des ventes régionales**:

1. Revenus mensuels par région
2. Meilleur produit par région
3. Croissance par rapport au mois dernier
4. Exporter vers regional_trends.xlsx

Code complet

python
```
importerpandascommepd

# Charger et préparer
df=pd.lire_csv("données_ventes.csv")
df['date']=pd.to_datetime(df['date'])
df['mois']=df['date'].dt.to_period('M')

1. Revenus mensuels par région
mensuel=df.groupby(['mois',
'région'])(['montant'].sum().unstack(valeur_de_remplissage=0)
mensuel['Total']=mensuel.somme(axe=1)

# 2. Meilleur produit par région (tous temps confondus)
produit phare=df.groupby(['région',
'produit'])(['montant'].somme()
```

```
produit
phare=top_product.groupby('région').idxmax().apply(lambdax:
x[1])
produit phare=top_product.reset_index()
colonnes du produit principal=['région', 'meilleur_produit']

3. Croissance mensuelle
croissance_mensuelle=mensuelle.%_variation()*100
croissance_mensuelle=croissance_mensuelle.round(1).remplir(
0)

# 4. Combine
avecpd.ExcelWriter('regional_trends.xlsx')commeécrivain :
mensuel.to_excel(écrivain,nom_de_la_feuille=« Revenu
mensuel »)
croissance_mensuelle.to_excel(écrivain,nom_de_la_feuille=«
Croissance mensuelle en % »)
meilleur_produit.to_excel(écrivain,nom_de_la_feuille=« Meilleur
produit », indice=FAUX)

# Résumé imprimé
imprimer(« Revenus mensuels : »)
imprimer(mensuel)
imprimer("\nMeilleur produit par région :)
imprimer(meilleur_produit)
imprimer("\nRapport enregistré : regional_trends.xlsx)
```

Exemple de sortie

```
texte
Revenu mensuel :
mois Est Nord Sud Ouest Total
2025-01 680 1290 200 700 2870


Meilleur produit par région :
produit phare de la région
```

Tablette 0 Est
1 Ordinateur portable Nord
2 Casques audio Sud
3 Imprimante Ouest

Application concrète

équipe des opérations de ventegère ceci**mensuel**:

- Place **régions en déclin**
- Promouvoir **meilleurs produits**
- Ajuster **inventaire**

Étapes concrètes

1. Ajouter 3 mois de données.
2. Exécuter le script complet.
3. Ajouter une visualisation :
   python
   mensuel.plot(gentil='bar', empilés=Vrai, titre=« Ventes mensuelles par région »)

Résumé des principaux points à retenir

SQL	Pandas
GROUPER PAR colonne	df.groupby('col')

Aggs multiples	.agg({'col': ['sum', 'mean']})
Plusieurs niveaux	grouper par(['col1', 'col2'])
CUBE	pivot_table(..., margins=True)
ROLLUP	marges=Vrai

Vous avez maîtriséanalyse segmentée**analyse segmentée**:

- groupby() pour toute dimension
- Multi-agrégation + multi-niveaux
- Tableaux croisés dynamiques
- Rapport complet sur les tendances

Exercices pratiques et défis

Exercice 1 : Exercices de groupe

SQL
1SELECT category, SUM(amount), AVG(amount) FROM sales GROUPPAR catégorie;
2. SÉLECTIONNER région, catégorie, COUNT(*) DU GROUPE DE VENTEPARrégion, catégorie;

Traduisez et exécutez.

Exercice 2 : Pratique du pivot

Construire un pivot :

- Index : région
- Colonnes : mois
- Valeurs : montant (somme)

Exercice 3 : Fonction de groupe personnalisée

python
```
defmeilleurs_n_produits(groupe, n=1):
  retourgroupe.nplusgrand(n,'montant')['produit'].tolist()

df.groupby('région').appliquer(top_n_produits,n=2)
```

Défi : Moyenne mobile sur 3 mois

python
```
mensuel['North_3M_Rolling']=mensuel['Nord'].roulement(3).sign
ifier()
```

Chapitre suivant : Fonctions de fenêtrage – ROW_NUMBER, RANK, Totaux cumulés

Vous maintenant**segmenter et résumer**comme un pro. Combinez avec le filtrage (Ch 3) et l'agrégation (Ch 4) pour remplacer**rapports SQL complets**en Python.

Chapitre 6

Fonctions de fenêtrage – Classement et totaux cumulés en Python

Les fonctions de fenêtrage sont**L'arme secrète de SQL**pour l'analyse. Ils vous permettent de calculer des valeurs**sur les lignes associées**sans réduire l'ensemble de données. Dans Pandas, vous faites la même chose avec .rank(), .transform(), .shift(), et**fenêtres coulissantes/à galandage**Ce chapitre vous apprend à traduire chaque requête SQL OVER (PARTITION BY ... ORDER BY ...) en code Python propre et rapide.

À la fin, vous aurez :

- Classer les lignes au sein des groupes (comme ROW_NUMBER(), RANK())
- Appliquer la logique GROUP BY**par ligne**utiliser transform()
- Utilisez shift() pour les décalages (valeurs retardées).
- Calculer**totaux cumulés**, **moyennes cumulées**, et **moyennes mobiles**
- Classer les produits dans un**jeu de données compétitif réel**

Nous utiliserons un**ensemble de données sur les ventes de produits**(product_sales.csv) qui imite une table de ventes SQL. Tout le code est testé, facile à prendre en main pour les débutants et comprend**cas d'utilisation concrets**, **étapes concrètes**, **conseils**, et **pièges courants**.

SQL ROW_NUMBER() OVER : Fonction rank() et opérations cumulatives de Pandas

Concept de base

SQL :

```
SQL
SÉLECTIONNER
  produit,
  région,
  montant,
NUMÉRO_DE_LIGNE()SUR(PARTITIONPARrégion
ORDREPAR montant DESC)commerang_dans_la_région
À PARTIR DES ventes ;
```

Pandas :

```
python
df['rang_dans_la_région']=df.groupby('région')['montant'].rang(
méthode='d'abord', ascendant=FAUX)
```

Comment ça marche

1. **Groupe**par région
2. **Rang**montant décroissant
3. Attribuer **1, 2, 3…**par groupe

Exemple de jeu de données : product_sales.csv

```
csv
numéro_de_commande,produit,catégorie,montant,région,date,identifiant_client
1001,Ordinateur portable,Électronique,1200,Nord,05/01/20251
1002,Souris,Accessoires,25,Sud,06/01/20252
1003,Clavier,Accessoires,75,Nord,2025-01-07,1
1004,Moniteur,Électronique,300,Ouest,2025-01-08,3
1005,Souris,Accessoires,25,Sud,09/01/20252
1006,Webcam,Électronique,80,Est,10 janvier 20254
1007,Clé USB,Accessoires,15,Nord,11 janvier 20251
1008,Casque audio,Audio,150,Sud,12/01/20255
1009,Imprimante,Bureau,400,Ouest,13/01/20253
1010,Comprimé,Électronique,600,Est,14 janvier 20256
```

Exemples de code

```
python
importerpandascommepd

df=pd.lire_csv("product_sales.csv")
df['date']=pd.to_datetime(df['date'])

# Classer les produits par ventes dans chaque région
df['rang_dans_la_région']=df.groupby('région')['montant'].rang(
   méthode='d'abord', ascendant=FAUX
).astype(int)
```

```
imprimer(« Produits les mieux classés par région : »)
imprimer(df[['produit', 'région', 'montant',
'rang_dans_la_région']].sort_values(
['région', 'rang_dans_la_région']
))
```

Sortir:

```
texte
produit région quantité rang_dans_la_région
0 Ordinateur portable Nord 1200 1
2 Clavier Nord 75 2
6 Clés USB Nord 15 3
7 Casques audio Sud 150 1
1 Souris Sud 25 2
4 Souris Sud 25 3
3 Moniteur Ouest 400 1
8 Imprimante Ouest 300 2
9 Tablette Est 600 1
5 Webcam Est 80 2
```

Méthodes de classement

SQL	Méthode Pandas
NUMÉRO_DE_LIGNE()	'd'abord'
RANG()	'min' (en cas d'égalité, même rang, écart ensuite)
RANG_DENSE()	« dense » (les égalités sont identiques, sans écart)

```
python
# Équivalent DENSE_RANK
```

df['dense_rank']=df.groupby('région')['montant'].rang(méthode='
dense', ascendant=FAUX)

Application concrète

UN **directeur des ventes**désire :

- **Les 3 meilleurs produits**par région → rang_dans_la_région <= 3
- **Promouvoir les meilleures ventes**
- **Éliminer progressivement les moins performants**

Étapes concrètes

1. Créer le fichier product_sales.csv.
2. Exécutez le code de classement.

Filtre:
python
top 3=df[df['rang_dans_la_région']<=3]

3. top3.to_csv("top3_per_region.csv", indice=FAUX)

Conseils

- Utilisez .astype(int) → nettoyer les nombres de rang
- Utilisez la fonction .sort_values() pour obtenir un résultat lisible.
- méthode='first' → tri stable (préserve l'ordre d'origine en cas d'égalité)

Erreurs courantes

- Oublier groupby → classements à traversl'**ensemble des données**
- ascendant=Vrai → rangs bas → haut
- rank() renvoie**flotter**→ utiliser .astype(int)

Partitionnement des données : GROUP BY sous Windows avec la fonction transform() de Pandas

Concept de base

SQL :

SQL
```
SÉLECTIONNER
*,
SOMME(montant)SUR(PARTITIONPAR région) commetotal de la région
À PARTIR DES ventes ;
```

Pandas :

python
```
df['region_total']=df.groupby('région')['montant'].transformer('somme')
```

transform() →**Les résultats du groupe de diffusion sont renvoyés à chaque ligne**

Exemples de code

python

```
# Revenu total par région (répété sur chaque ligne)
df['region_total']=df.groupby('région')['montant'].transformer('so
mme')

# % du total de la région
df['pourcentage_de_région']=(df['montant']/df['region_total']*100
).rond(2)

imprimer(« Contribution à la région : »)
imprimer(df[['produit', 'région', 'montant', 'region_total',
'pourcentage_de_région']])
```

Sortir:

texte

```
produit région quantité région_totale %_de_la_région
0 Ordinateur portable Nord 1200 1290 93,02
2 Clavier Nord 75 1290 5,81
6 Clés USB Nord 15 1290 1.16
1 Souris Sud 25 200 12,50
4 Souris Sud 25 200 12,50
7 Casques audio Sud 150 200 75,00
...
```

Transformations multiples

python

```
# Nombre, somme, moyenne par région
df[['region_orders', 'revenus_régionaux',
'region_aov']]=df.groupby('région').agg(
commandes régionales=('order_id', 'compter'),
revenu régional=('montant', 'somme'),
région_aov=('montant', 'signifier')
```

```
).reindex(df['région'],méthode=« plus proche »)# Pas idéal —
utiliser transform
```

Mieux:

```python
df['region_orders']=df.groupby('région')['order_id'].transformer('c
ompter')
df['region_aov']=df.groupby('région')['montant'].transformer('sign
ifier').rond(2)
```

Application concrète

UN **analyste de produits**désire :

- **% contribution**à la région
- **Région AOV**sur chaque ligne
- Comparer **produit par rapport à la moyenne régionale**

Étapes concrètes

1. Exécutez le code transform().
2. Ajouter:
   ```python
   df['vs_region_aov']=df['montant']-df['region_aov']
   ```

Conseils

- transform() →**même longueur**comme original
- Utilisation pour**reportages dénormalisés**
- Combinez avec Lambda pour une logique personnalisée

Erreurs courantes

- L'utilisation de .agg() → réduit les lignes
- transformer('somme') sur non-numérique
- Oublier d'affecter à la colonne

Tri et décalages : ORDER BY en SQL dans sort_values() de Pandas avec décalages de fenêtre

Concept de base

SQL :

```
SQL
SÉLECTIONNER
*,
LAG(montant,1)SUR(PARTITIONPARcommande de
produitPAR date)commevente précédente
À PARTIR DES ventes ;
```

Pandas :

```
python
df=df.sort_values(['produit', 'date'])
df['vente_précédente']=df.groupby('produit')['montant'].changem
ent(1)
```

décalage(n) → déplacer les valeurs**n lignes**haut/bas.

Exemples de code

python
```
# Trier par produit et par date
df=df.sort_values(['produit', 'date']).reset_index(baisse=Vrai)

# Vente précédente par produit
df['vente_précédente']=df.groupby('produit')['montant'].changem
ent(1)

# Prochaine vente
df['prochaine_vente']=df.groupby('produit')['montant'].changeme
nt(-1)

# Jours depuis la dernière vente
df['jours_depuis_précédent']=(df['date']-df.groupby('produit')['dat
e'].changement(1)).dt.jours

imprimer("Ventes avec décalage/avance :")
imprimer(df[['produit', 'date', 'montant', 'vente_précédente',
'prochaine_vente']])
```

Sortie (lignes de la souris) :

texte
```
produit date quantité vente précédente vente suivante
1 Souris 2025-01-06 25 NaN 25,0
4 Souris 2025-01-09 25 25,0 NaN
```

Application concrète

UN **planificateur de la demande**désire :

- **Date limite de vente**par produit
- **Analyse des écarts**pour réorganiser
- **Délai de mise en œuvre**calcul

Étapes concrètes

1. Exécuter le code de changement de poste.
2. Ajouter:
   python
   df['croissance_des_ventes_%']=(df['montant']/df['vente_précédente']-1)*100

Conseils

- Toujours **trier**avant le décalage()
- Utilisez reset_index(drop=True) après le tri
- décalage(-1) → valeur future (à utiliser avec précaution)

Erreurs courantes

- shift() sans groupby → décalages**colonne entière**
- Oublier de trier → mauvais ordre
- Gestion des valeurs NaN → utiliser .fillna(0)

Agrégats cumulatifs : sommes cumulées et moyennes pour les données de séries chronologiques

Concept de base

SQL :

```sql
SQL
SÉLECTIONNER
  date,
  montant,
SOMME(montant)SUR (COMMANDE PAR date)commetotal
cumulé
À PARTIR DES ventes ;
```

Pandas :

```python
python
df=df.sort_values('date')
df['total_cumulé']=df['montant'].avec()
df['running_avg']=df['montant'].expanding().mean()
```

Exemples de code

```python
python
# Total cumulé global
df_global=df.sort_values('date').copie()
df_global['total_cumulé']=df_global['montant'].avec()
df_global['running_avg']=df_global['montant'].expanding().mean
().round(2)

imprimer("Métriques globales de course :")
imprimer(df_global[['date', 'produit', 'montant', 'total_cumulé',
'running_avg']])
```

Sortir:

```
texte
date produit quantité total_cumulé moyenne_cumulée
0 2025-01-05 Ordinateur portable 1200 1200 1200,00
1 2025-01-06 Souris 25 1225 612,50
2 2025-01-07 Clavier 75 1300 433,33
...
```

Totaux cumulés par groupe

python
```
df=df.sort_values(['région', 'date'])
df['region_running_total']=df.groupby('région')['montant'].avec()
```

Moyennes mobiles

python
```
# Moyenne mobile sur 3 jours
df['ma_3day']=df.groupby('produit')['montant'].transformer(
lambdax: x.roulant(3, périodes_min=1).signifier()
).rond(2)
```

Application concrète

UN **équipe financière**désire :

- **Revenus cumulés depuis le début de l'année**
- **moyenne mobile sur 30 jours**pour les prévisions
- **Ventes cumulées par région**

Étapes concrètes

1. Exécuter le code cumulatif.
2. Ajouter:
   python
   ```
   df['commandes_cumulatives']=df.groupby('région')['orde
   r_id'].cumcount()+1
   ```

Conseils

- expand() → du début au courant
- rolling(n) → dernières n lignes
- Utiliser min_periods=1 → éviter les NaN précoces

Erreurs courantes

- cumsum() sans tri → ordre incorrect
- rolling() sans groupby → mélange les produits
- Oublier .round()

Exercice pratique : Classer les produits selon leurs performances dans un ensemble de données concurrentielles

Objectif du projet

Construire un**classement des performances des produits**:

1. Classement par**recettes totales**par catégorie
2. Ajouter **% du chiffre d'affaires de la catégorie**
3. Calculer**total cumulé** et **moyenne mobile sur 3 ventes**
4. Drapeau **top 3** et **améliorer**produits
5. Exporter vers product_leaderboard.xlsx

Code complet

python

```
importerpandascommepd

# Charger et préparer
df=pd.lire_csv("product_sales.csv")
df['date']=pd.to_datetime(df['date'])

1. Revenu total par produit
performance_du_produit=df.groupby('produit').agg(
revenu_total=('montant', 'somme'),
commandes=('order_id', 'compter'),
vente moyenne=('montant', 'signifier')
).rond(2)

# 2. Classement au sein de la catégorie
df=df.merge(product_perf[['revenu_total']],sur='produit',
comment='gauche')
df['rang_dans_catégorie']=df.groupby('catégorie')['revenu_total']
.rang(
   méthode='dense', ascendant=FAUX
).astype(int)

# 3. % de la catégorie
total de la
catégorie=df.groupby('catégorie')['montant'].transformer('somm
e')
df['pourcentage_de_catégorie']=(df['montant']/total de la
catégorie*100).rond(2)

# 4. Métriques de course et de mouvement
df=df.sort_values(['produit', 'date'])
df['revenus_cumulés']=df.groupby('produit')['montant'].avec()
df['ma_3sales']=df.groupby('produit')['montant'].transformer(
lambdax: x.roulant(3, périodes_min=1).signifier()
).rond(2)
```

```
5. Signaler les meilleurs performeurs
df['est_top3']=df['rang_dans_catégorie']<=3
df['s'améliore']=df['montant']>df.groupby('produit')['montant'].cha
ngement(1)

# Classement final
classement=df[
df['rang_dans_catégorie']<=3
][['produit', 'catégorie', 'montant', 'rang_dans_catégorie',
'pourcentage_de_catégorie',
'revenus_cumulés', 'ma_3sales', 's'améliore']].sort_values(
['catégorie', 'rang_dans_catégorie', 'date']
)

# Exporter
avecpd.ExcelWriter('product_leaderboard.xlsx')commeécrivain :
leaderboard.to_excel(écrivain,nom_de_la_feuille=« Top 3 des
produits », indice=FAUX)
produit_perf.to_excel(écrivain,nom_de_la_feuille=« Tous les
produits »)

imprimer("Classement (Top 3 par catégorie) :")
imprimer(classement)
imprimer("\nExporté : product_leaderboard.xlsx)
```

Exemple de sortie

```
texte
Classement (Top 3 par catégorie) :
catégorie de produit quantité rang_dans_la_catégorie
%_de_la_catégorie ...
0 Ordinateur portable Électronique 1200 1 48,00
9 Tablette Électronique 600 2 24,00
5 Webcam Électronique 80 3 3,20
...
```

Application concrète

Équipe produitutilise ceci**hebdomadaire**:

- Promouvoir **top 3**
- Enquêter **améliorer**produits
- Couper **faible pourcentage de contributeurs**

Étapes concrètes

1. Étendre l'ensemble de données à plus de 100 lignes.
2. Exécuter le script complet.
3. Ajouter une visualisation :
   python
   ```
   leaderboard.groupby('catégorie')['montant'].somme().plot(gentil='bar')
   ```

Résumé des principaux points à retenir

Fenêtre SQL	Pandas
LIGNE_NUMÉRO() SUR (...)	groupby().rank(method='first')
SOMME() SUR (PARTITION PAR ...)	groupby().transform('somme')
LAG(col, 1)	groupby().shift(1)

SOMME() SUR (ORDER PAR ...)	.avec()
MOYENNE() SUR (ORDER PAR ... LIGNES ENTRE 2 PRÉCÉDENTES ...)	.rolling(3).mean()

Vous avez maîtrisé**Analyse de fenêtres**:

- Classement au sein des groupes
- Statistiques par groupe et par rangée
- Retards, avances, totaux cumulés
- moyennes mobiles
- Classement complet des performances

Exercices pratiques et défis

Exercice 1 : Exercices de fenêtre

SQL

```
1. RANG()SUR(PARTITIONPARcatégorie COMMANDEPAR
montant DESC)
2. SOMME(montant)SUR(PARTITIONPARrégion ORDREPAR
date)
3. montant -MOYENNE (montant)SUR(PARTITIONPAR
catégorie)
```

Traduire en Pandas.

Exercice 2 : Fenêtre personnalisée

python
```
# Score Z par catégorie
df['z_score']=df.groupby('catégorie')['montant'].transformer(
lambdax: (x-x.moyenne())/x.std()
)
```

Exercice 3 : Analyse des intervalles de temps

python
```
df['jours_entre_les_ventes']=df.groupby('produit')['date'].diff().dt.
days
```

Défi : Suivi des parts de marché

python
```
# Part de marché quotidienne par catégorie
tous les jours =df.groupby(['date',
'catégorie'])(['montant'].sum().unstack(valeur_de_remplissage=
0)
partage_quotidien=quotidien.div(quotidien.somme(axe=1),axe=
0)*100
```

Représentez graphiquement la part de marché d'une catégorie au fil du temps.

Chapitre suivant : Logique conditionnelle – Instructions CASE dans Pandas

Vous le faites maintenant**Analyse SQL en Python**Combinez avec groupby() (chapitre 5) pour remplacer**rapports BI complets**.

Chapitre 7

Logique conditionnelle – Instructions CASE SQL en Python

La logique conditionnelle est la**moteur de décision**L'analyse de données est un sujet d'actualité. En SQL, l'instruction CASE permet de créer des colonnes selon des règles. Avec Pandas, on fait la même chose, et bien plus encore, grâce aux méthodes `np.select()`, `.apply()`, `.cut()` et aux opérations vectorisées. Ce chapitre vous apprend à traduire chaque instruction CASE en code Python clair, rapide et lisible.

À la fin, vous aurez :

- Construire **structure simple SI-ALORS-SINON**logique
- Créer **arbres de décision imbriqués**
- **Poubelle**classer les nombres en catégories (par exemple, Faible/Moyen/Élevé)
- Combiner les conditions avec**agrégations et groupes**
- Score **performance des employés**dans une étude de cas complète

Nous utiliserons un**ensemble de données des employés**(employees.csv) qui imite une table SQL hr.employees. Tout le code est testé, facile à utiliser pour les débutants et comprend**cas d'utilisation concrets**, **étapes concrètes**, **conseils**, et **pièges courants**.

Structure IF-THEN-ELSE simple : CASE SQL traduit en np.select() et apply() de Pandas

Concept de base

SQL :

```
SQL
SÉLECTIONNER
  nom,
  salaire,
  CAS
    QUAND salaire >=80000 ALORS 'Haut'
    QUAND salaire >=50000 ALORS 'Moyen'
    AUTRE 'Faible'
  FIN commeniveau de salaire
DES employés ;
```

Pandas (np.select) :

```
python
importernumpycommepar exemple

conditions =[
df['salaire']>=80000,
df['salaire']>=50000
```

```
]
choix=['Haut', 'Moyen']
df['niveau_de_salaire']=np.select(conditions,
choix,défaut='Faible')
```

Exemple de jeu de données : employees.csv

```csv
identifiant_employé,nom,département,salaire,score_de_perfor
mance,années_d'expérience,date_d'adhésion
1,Alice,Ingénierie,95000,4,8,5,15 mars 2020
2,Bob,Ventes,62000,3,93,2022-06-20
3,Carol,HEURE,48000,4.2,7,10 janvier 2018
4,David,Ingénierie,105000,4,9,8,2017-05-05
5,Veille,Commercialisation,55000,3,5,2,2023-09-01
6,Franc,Ventes,71000,4.1,4,12 novembre 2021
7,Grâce,HEURE,52000,4,5,6,2019-08-22
```

Exemples de code

```python
importerpandascommepd
importernumpycommepar exemple

df=pd.lire_csv("employees.csv")
df['date_d'adhésion']=pd.to_datetime(df['date_d'adhésion'])

# version de np.select
conditions =[
df['salaire']>=80000,
df['salaire']>=50000
]
choix=['Haut', 'Moyen']
df['niveau_de_salaire']=np.select(conditions,
choix,défaut='Faible')
```

```
imprimer("Échelons de salaires :")
imprimer(df[['nom', 'salaire', 'niveau_de_salaire']])
```

Sortir:

```
texte
nom salaire niveau_de_salaire
0 Alice 95000 Haut
1 Bob 62000 Moyen
2 Carol 48000 Faible
3 David 105000 Haut
...
```

Alternative : .apply() avec Lambda

```
python
df['salary_tier_apply']=df['salaire'].appliquer(
lambdax:'Haut' six>=80000 autre 'Moyen' six>=50000 autre
'Faible'
)
```

Application concrète

UN **équipe de paie**désire :

- **Échelles de salaires**pour signaler
- **Éligibilité aux bonus**(Élevé → 15 %, Moyen → 8 %, Faible → 5 %)
- **tranche d'imposition** affectation

Étapes concrètes

1. Créer le fichier employees.csv.

2. Exécutez les deux méthodes.

Bonus supplémentaire :
python
carte bonus={'Haut':0,15, 'Moyen':0,08, 'Faible':0,05}

3. df['prime']=df['salaire']*df['niveau_de_salaire'].map(bonus_map)

Conseils

- np.select() →**vectorisé**, le plus rapide
- Utiliser la valeur par défaut → éviter les valeurs NaN
- .apply(lambda) → lisible pour une logique simple

Erreurs courantes

- Oublier d'importer numpy comme np
- chaîne np.where() → plus difficile à lire que np.select()
- .apply() sur de grands volumes de données → lent

Conditions imbriquées : construction d'arbres de décision complexes pour la catégorisation des données

Concept de base

SQL :

```
SQL
CAS
  QUANDscore_de_performance>=4.5ET
années_d'expérience>=5 ALORS 'Étoile'
  QUANDscore_de_performance>=4.0 ALORS 'Solide'
  QUANDscore_de_performance>=3.0
OUannées_d'expérience>=7 ALORS « À améliorer »
  AUTRE« Stagiaire »
FIN commeniveau_de_performance
```

Pandas :

```
python
conditions =[
(df['score_de_performance']>=4.5)&(df['années_d'expérience']>
=5),
(df['score_de_performance']>=4.0),
(df['score_de_performance']>=3.0)|(df['années_d'expérience']>=
7)
]
choix=['Étoile', 'Solide', « À améliorer »]
df['niveau_de_performance']=np.select(conditions,
choix,défaut='Stagiaire')
```

Exemples de code

```
python
# Logique imbriquée complexe
conditions =[
(df['score_de_performance']>=4.5)&(df['années_d'expérience']>
=5),
(df['score_de_performance']>=4.0),
```

```
(df['score_de_performance']>=3.0)|(df['années_d'expérience']>=
7),
(df['département']== 'Ingénierie')&(df['salaire']<70000)
]
choix=['Étoile', 'Solide', « À améliorer », « Ingénieur sous-payé
»]
df['emp_category']=np.select(conditions,
choix,défaut='Standard')

imprimer("Catégories d'employés :")
imprimer(df[['nom', 'score_de_performance',
'années_d'expérience', 'emp_category']])
```

Sortir:

```
texte
nom score_performance années_expérience
catégorie_employé
0 Alice 4,8 5 étoiles
1 Bob 3.9 3 Standard
2 Carol 4.2 7 Nécessite des améliorations
...
```

Application concrète

Un **Responsable RH**désire :

- **liste restreinte pour la promotion** (Étoile)
- **Plan d'entraînement**(À améliorer)
- **Révision salariale**(Ingénieur sous-payé)

Étapes concrètes

1. Exécuter une logique imbriquée.
2. Ajouter:
   python
   df['promotion_éligible']=df['emp_category']== 'Étoile'

Conseils

- **L'ordre compte**conditions → victoire au premier match
- Utiliser **parenthèses**pour plus de clarté
- Intrusion**colonnes intermédiaires**pour le débogage

Erreurs courantes

- Utilisation de et/ou → ValueError → utilisez &/
- Oublier les parenthèses → logique erronée
- Trop de conditions → utilisez .apply() avec la fonction

Regroupement et étiquetage : transformer les données numériques en catégories (par exemple, niveaux de vente)

Concept de base

SQL :

```
SQL
CAS
  QUAND salaire ENTRE0 ET 49999 ALORS '0-50K'
  QUAND salaire ENTRE50000 ET 79999 ALORS '50-80K'
  AUTRE'80K+'
FIN
```

Pandas pd.cut() :

```
python
poubelles=[0, 50000, 80000, flotter('inf')]
étiquettes=['0-50K', '50-80K', '80K+']
df['fourchette_salariale']=pd.cut(df['salaire'],poubelles=poubelles
,étiquettes=étiquettes,droite=FAUX)
```

Exemples de code

```
python
# Tranches de salaires
poubelles=[0, 50000, 80000, flotter('inf')]
étiquettes=['Faible', 'Moyen', 'Haut']
df['salary_bin']=pd.cut(df['salaire'],poubelles=poubelles,étiquette
s=étiquettes)

# Bacs de gestion
df['tenure_bin']=pd.couper(
df['années_d'expérience'],
poubelles=[0, 2, 5, flotter('inf')],
étiquettes=['Junior', 'Milieu', 'Senior'],
inclure_plus bas=Vrai
)

imprimer(« Données regroupées : »)
```

imprimer(df[['nom', 'salaire', 'salary_bin', 'années_d'expérience', 'tenure_bin']])

Sortir:

texte
nom salaire tranche_salaire années_expérience
tranche_d'ancienneté
0 Alice 95000 Haut 5 Moyen
1 Bob 62000 Moyen 3 Moyen
2 Carol 48000 Bas 7 Senior
...

Bacs personnalisés avec qcut

python
```
# Basé sur les quartiles
df['quartile_salaire']=pd.qcut(df['salaire'],q=4, étiquettes=[« Q1 », « Q2 », T3, Q4])
```

Application concrète

UN **analyste de rémunération**désire :

- **Échelles salariales**pour les actions
- **Niveaux de titularisation**pour les prestations
- **quartiles de performance**pour les bonus

Étapes concrètes

1. Exécutez pd.cut().
2. Compter:
   python

```
imprimer(df['salary_bin'].value_counts())
```

Conseils

- droite=Faux → inclut le bord gauche
- include_lowest=True → évite les NaN sur min
- Utilisez pd.IntervalIndex pour un contrôle avancé

Erreurs courantes

- Ordre des bacs incorrect → étiquettes erronées
- Oublier float('inf') → NaN pour les valeurs élevées
- pd.cut() sur des chaînes de caractères → TypeError

Intégration des conditions aux agrégations et aux groupes

Concept de base

Combiner la logique CASE**à l'intérieur**GROUPER PAR.

SQL :

```
SQL
SÉLECTIONNER
  département,
COUNT(CASEQUANDniveau de salaire= 'Haut' ALORS 1 FIN)
commepersonnes à hauts revenus
DE la part des employés
GROUPE PAR département;
```

Pandas :

```
python
df.groupby('département').appliquer(
lambdax: (x['niveau_de_salaire']== 'Haut').somme()
)
```

Ou vectorisé :

```
python
(df['niveau_de_salaire']==
'Haut').groupby(df['département']).somme()
```

Exemples de code

```
python
# Salaires élevés par département
personnes à hauts revenus=(df['niveau_de_salaire']==
'Haut').groupby(df['département']).somme()
noms des personnes à hauts revenus='hauts_revenus'

# Performance moyenne par tranche d'ancienneté
performance_moyenne_par_ancienneté=df.groupby('tenure_bin
')['score_de_performance'].moyenne().arrondi(2)

# Combiner
résumé =pd.concat([high_earners,
avg_perf_by_tenure],axe=1).remplir(0)
résumé['hauts_revenus']= résumé['hauts_revenus'].astype(int)

imprimer(« Résumé du département : »)
imprimer(résumé)
```

Sortir:

texte
score de performance des hauts revenus
département
Ingénierie 2 4,85
HR 0 4,35
Marketing 0 3,50
Ventes 0 4,00

Application concrète

UN **équipe des opérations RH**désire :

- **concentration des hauts revenus**par département
- **écarts de performance**par ancienneté
- **Indicateurs de diversité**par poubelle

Étapes concrètes

1. Exécuter la logique au niveau du groupe.

Ajouter:
python
```
df['est_étoile']=df['emp_category']== 'Étoile'
```

2. étoiles_par_département=df.groupby('département')['est_étoile'].somme()

Conseils

- Utiliser **masquage booléen**→ rapide
- Utilisez .reset_index() pour obtenir un résultat propre.
- Utilisez .agg() avec des fonctions nommées

Erreurs courantes

- regrouper par l'original → mauvais alignement
- L'utilisation de .count() → inclut False
- Oublier .fillna(0)

Étude de cas : Appliquer la notation conditionnelle aux évaluations de performance des employés

Objectif du projet

Construire un**tableau de bord d'évaluation des performances**:

1. **Niveau de performance**(Excellent/Solide/À améliorer)
2. **Score de compensation**(salaire + prime + ajustement d'ancienneté)
3. **préparation à la promotion**(score >= 85)
4. **Aperçus du département**
5. Exporter vers performance_review.xlsx

Code complet

python

```
importerpandascommepd
importernumpycommepar exemple
```

```
# Charger et préparer
df=pd.lire_csv("employees.csv")
df['date_d'adhésion']=pd.to_datetime(df['date_d'adhésion'])

# 1. Niveau de performance
conditions =[
(df['score_de_performance']>=4.5)&(df['années_d'expérience']>
=5),
(df['score_de_performance']>=4.0),
(df['score_de_performance']>=3.0)|(df['années_d'expérience']>=
7)
]
choix=['Étoile', 'Solide', « À améliorer »]
df[niveau_de_performance]=np.select(conditions,
choix,défaut='Stagiaire')

2. Composantes de la rémunération
df['bonus_de_base']=df['salaire']*np.select(
[df['salaire']>=80000, df['salaire']>=50000],
[0,15, 0,08],
   défaut=0,05
)

df['bonus_d'ancienneté']=df['années_d'expérience'].agrafe(supé
rieur=5)*2000
df['total_comp']=df['salaire']+df['bonus_de_base']+df['bonus_d'a
ncienneté']

# 3. Score de performance (0-100)
composantes du score={
'perf': df['score_de_performance']*20,  # Max 100
   'tenure': df['années_d'expérience'].agrafe(supérieur=10)*3,
'efficacité_salarielle': (df['salaire']/df['salaire'].max())*20
}
df['note_évaluation']=
somme(score_components.values()).clip(supérieur=100)
```

```
# 4. Préparation à la promotion
df['prêt_pour_la_promotion']=df['note_évaluation']>=85

# 5. Perspectives du département
dept_insights=df.groupby('département').agg(
salaire_moyen=('salaire', 'signifier'),
score_moyen=('note_évaluation', 'signifier'),
candidats à la promotion=('prêt_pour_la_promotion', 'somme'),
nombre d'étoiles=(niveau_de_performance, lambdax: (x==
'Étoile').somme())
).rond(2)

# Sortie finale
revoir =df[['nom', 'département', niveau_de_performance,
'total_comp',
'note_évaluation',
'prêt_pour_la_promotion']].sort_values('note_évaluation',
ascendant=FAUX)

# Exporter
avecpd.ExcelWriter('performance_review.xlsx')commeécrivain :
revue.to_excel(écrivain,nom_de_la_feuille=« Évaluation des
employés », indice=FAUX)
dept_insights.to_excel(écrivain,nom_de_la_feuille=«
Perspectives du département »)

imprimer("Les 3 meilleures notes :")
imprimer(review.head(3))
imprimer("\nAperçus du département :)
imprimer(dept_insights)
imprimer("\nRapport enregistré : performance_review.xlsx)
```

Exemple de sortie

texte

Les 3 meilleures notes :

nom département niveau_de_performance total_comp
score_d'évaluation_prêt_à_la_promotion
3 David Engineering Star 128250.0 98.00 Vrai
0 Alice Engineering Star 111750.0 92.00 Vrai
6 Grace HR Solide 59300.0 78.50 Faux

Aperçu du département :
salaire_moyen score_moyen candidats_à_la_promotion
nombre_d'étoiles
département
Ingénierie 100000,0 95,00 2 2
HR 50000.0 72.75 0 0
Marketing 55000.0 65.00 0 0
Ventes 66500,0 70,50 0 0

Application concrète

équipe RHgère ceci**annuellement**:

- Identifier **candidats à la promotion**
- Justifier **budgets de bonus**
- Drapeau **sous-performants**

Étapes concrètes

1. Élargir l'ensemble de données à plus de 50 employés.
2. Exécuter le script complet.
3. Ajouter une visualisation :
   python
   revoir['note_évaluation'].hist(poubelles=10, titre=« Répartition des notes »)

Résumé des principaux points à retenir

SQL CASE	Pandas
Cas simple : QUAND ... ALORS ... SINON	np.select()
Conditions imbriquées	Conditions ordonnées + choix
ENTRE	pd.cut(bins=...)
CASE à l'intérieur de COUNT()	Masque booléen + groupby().sum()
Logique personnalisée	.apply(lambda) ou vectorisé

Vous avez maîtrisé**transformation conditionnelle**:

- Cas simple et imbriqué
- Binning avec cut()/qcut()
- Dénombrements conditionnels au niveau du groupe
- Système complet de notation des performances

Exercices pratiques et défis

Exercice 1 : Exercices de cas

SQL

1. CAS QUANDannées_d'expérience<3 ALORS 'Nouveau' AUTRE« Expérimenté » FIN
2. CAS QUAND département DANS('Ingénierie', 'Ventes') PUIS salaire*1.1 AUTREsalaire FIN

Traduire en Pandas.

Exercice 2 : Score de risque

```python
df['score_de_risque']=np.select(
[
df['score_de_performance']<3.5,
df['années_d'expérience']<2
],
[30, 20],
   défaut=0
)+(df['salaire']>90000)*10
```

Exercice 3 : Regroupement dynamique

```python
# Répartition des salaires par quartiles spécifiques au département
df['dept_salary_rank']=df.groupby('département')['salaire'].transformer(
lambdax: pd.qcut(x,4, étiquettes=[« Q1 », « Q2 », T3, Q4],doublons='baisse')
)
```

Défi : Score de rétroaction à 360°

Ajouter des colonnes :

- Score du manager (à partir du fichier CSV)
- Évaluation par les pairs
- Auto-évaluation → Moyenne pondérée → Note finale

Chapitre suivant : Fusion de jeux de données – Jointures SQL dans Pandas

Vous maintenant**penser logiquement**Combinez avec groupby() et merge() pour construire**pipelines analytiques complets**.

Chapitre 8

Fusion de jeux de données – Fusion similaire aux jointures SQL dans Pandas

La fusion des ensembles de données est la**colle**Dans le domaine de l'analyse de données concrètes, en SQL, l'opérateur JOIN combine des tables en fonction de clés partagées. Pandas, avec la fonction merge(), réalise la même opération, mais de manière plus rapide, plus flexible et avec un contrôle total des incompatibilités. Ce chapitre vous apprend à traduire chaque jointure SQL en un puissant code Python.

À la fin, vous aurez :

- Effectuer **intérieur**, **gauche**, **extérieur**, et **complet**joint
- Chaîne **plusieurs tables**comme une base de données relationnelle
- Poignée **auto-jointures** et **correspondance floue**
- Construire un**tableau de bord analytique complet du commerce électronique**à partir de tables brutes

Nous utiliserons**trois ensembles de données**(customers.csv, orders.csv, products.csv) qui imitent un véritable schéma SQL. Tout le code est testé, facile à prendre en main pour les débutants et comprend**cas d'utilisation concrets**, **étapes concrètes**, **conseils**, et **pièges courants**.

Jointures internes : SQL INNER JOIN comme Pandas merge() sur les clés

Concept de base

SQL :

```
SQL
SÉLECTIONNEZ c.*, le.id_de_commande, le.montant
DE la part des clients c
Commandes INNER JOIN
oSURc.identifiant_client=le.identifiant_client;
```

Pandas :

```
python
pd.merge(clients, commandes,sur='customer_id',
comment='intérieur')
```

Seules les lignes avec**clés correspondantes**Les données sont conservées dans les deux tableaux.

Exemples de jeux de données

clients.csv :

```csv
identifiant_client,nom,ville,date_d'inscription
1,Alice,New York,15 janvier 2024
2,Bob,Chicago,2023-06-20
3,Carol,Los Angeles,05/11/2023
4,David,Houston,10 février 2024
```

commandes.csv :

```csv
numéro_de_commande,identifiant_client,identifiant_produit,montant,date
101,1,201,1200,05/01/2025
102,2,202,25,2025-01-06
103,1,203,75,2025-01-07
104,5,204,300,08/01/2025 -- Aucun client 5
```

Exemples de code

```python
importerpandascommepd

clients =pd.lire_csv("customers.csv")
commandes=pd.lire_csv("orders.csv")
clients['date_d'inscription']=pd.to_datetime(clients['date_d'inscription'])
ordres['date']=pd.to_datetime(commandes['date'])
```

```
# Jointure interne : seuls les clients ayant passé commande sont autorisés.
intérieur =pd.merge(clients, commandes,sur='customer_id', comment='intérieur')

imprimer("Résultat de la jointure interne :")
imprimer(intérieur[['nom', 'ville', 'order_id', 'montant']])
```

Sortir:

```
texte
nom ville numéro_de_commande montant
0 Alice New York 101 1200
1 Alice New York 103 75
2 Bob Chicago 102 25
```

Carol et David n'ont pas d'ordres →**exclu**

La commande 104 n'a pas de client →**exclu**

Application concrète

UN **analyste des ventes**désire :

- **Clients actifs uniquement**
- **Revenu par client**
- **Filtrer les comptes de test**

Étapes concrètes

1. Créez les deux fichiers CSV.
2. Lancez la fusion.

Ajouter:
python

revenu par client=intérieur.grouper par('nom')['montant'].somme()

3. imprimer(revenu_par_client)

Conseils

- on= → nom de colonne commun
- left_on, right_on → noms différents
- validate='1:m' → garantir une relation un-à-plusieurs

Erreurs courantes

- merge() sans how= → par défaut, l'élément interne
- Types de données incompatibles → customer_id int vs str → KeyError
- Oubli de charger les deux DataFrames

Jointures externes et gauches : Gestion des incompatibilités avec how='left' et how='outer'

Concept de base

SQL	Pandas comment

Jonction gauche	'gauche'
JOINT DROIT	'droite'
Jonction extérieure complète	'extérieur'

Exemples de code

python

```
# Jointure externe gauche : tous les clients, conserver les commandes si elles existent
gauche =pd.merge(clients, commandes,sur='customer_id', comment='gauche')

imprimer("Jointure gauche (Tous les clients) :")
imprimer(gauche[['nom', 'order_id', 'montant']])
```

Sortir:

texte

```
nom id_commande montant
0 Alice 101.0 1200.0
1 Alice 103.0 75.0
2 Bob 102.0 25.0
3 Carol NaN NaN
4 David NaN NaN
```

python

```
# Jointure externe : tous les clients ET toutes les commandes
extérieur=pd.merge(clients, commandes,sur='customer_id', comment='extérieur')

imprimer("\nJointure externe (toutes les données) :)
imprimer(extérieur[['nom', 'order_id', 'montant']].tête(6))
```

Sortir:

texte
nom id_commande montant
0 Alice 101.0 1200.0
1 Alice 103.0 75.0
2 Bob 102.0 25.0
3 Carol NaN NaN
4 David NaN NaN
5 NaN 104,0 300,0 -- Ordre orphelin

Application concrète

UN **équipe de réussite client**désire :

- **Tous les clients**→ jointure gauche
- **Commandes orphelines**(pas de client) → jointure externe
- **Analyse du taux de désabonnement**

Étapes concrètes

1. Courir à gauche et jointures extérieures.

Trouver les inactifs :
python
inactif=gauche[gauche['order_id'].isna()]

2. imprimer(« Clients inactifs : », inactif['nom'].tolist())

Conseils

- Utiliser indicator=True → ajoute une colonne _merge (left_only, both, etc.)

- suffixes=('_cust', '_ord') → résoudre les noms de colonnes en double
- Remplir NaN après la jointure : .fillna(0)

Erreurs courantes

- comment='full' → faute de frappe → 'outer'
- Si NaN signifie erreur, c'est normal.
- Jointure sur une clé incorrecte → données dupliquées ou manquantes

---

Jointures multi-tables : enchaînement des fusions pour les relations complexes

Concept de base

Rejoindre **3+ tables**comme une base de données relationnelle.

produits.csv :

```csv
identifiant_produit,nom_du_produit,catégorie,prix unitaire
201,Ordinateur portable,Électronique,1100
202,Souris,Accessoires,20
203,Clavier,Accessoires,70
204,Moniteur,Électronique,280
```

Exemples de code

```python
produits=pd.lire_csv("produits.csv")

Étape 1 : Associer les clients et les commandes
commandes clients=pd.merge(clients,
commandes,sur='customer_id', comment='gauche')

Étape 2 : Associer avec des produits
complet =pd.merge(commandes_clients,
produits,sur='product_id', comment='gauche')

imprimer("Jointure complète à 3 tables :")
imprimer(complet[['nom', 'nom_du_produit', 'montant', 'prix
unitaire']].tête())
```

Sortir:

```texte
nom_produit quantité prix_unitaire
0 Alice Ordinateur portable 1200 1100.0
1 Clavier Alice 75 70.0
2 Bob Mouse 25 20.0
3 Carol NaN NaN NaN
```

Enchaînement avec .merge()

```python
# Solution en une seule ligne (plus difficile à déboguer)
chaîne complète= (clients
.fusionner(commandes,sur='customer_id', comment='gauche')
.fusionner(produits,sur='product_id', comment='gauche'))
```

Application concrète

UN **analyste d'affaires** besoins:

- **Client → Commande → Produit**→ historique complet des achats
- **Marge bénéficiaire**= montant - (prix_unitaire * quantité)
- **Tendances par catégorie**

Étapes concrètes

1. Exécuter une jointure à 3 tables.
2. Calculer le profit :
   python
   ```
   complet['profit']= complet['montant']- complet['prix unitaire']
   ```

Conseils

- **Joindre séquentiellement**→ plus facile à déboguer
- Utilisez validate='m:1' → pour éviter les doublons
- Enregistrer les DataFrames intermédiaires

Erreurs courantes

- Assemblage dans le mauvais ordre → Explosion cartésienne
- incohérence de product_id → NaN partout
- Oublier comment='gauche' → fait perdre des clients

Auto-jointures et appariement flou : techniques avancées pour les données imparfaites

Concept de base

Auto-adhésion→ jointure de la table à elle-même

Appariement flou→ correspondance avec des chaînes similaires (pas exactes)

Exemple d'auto-jointure : Hiérarchie manager-employé

Ajouter au fichier customers.csv :

```csv
identifiant_client,nom,gestionnaire_id
1,Alice,3
2,Bob,3
3,Carol,NaN -- Cadre supérieur
```

```python
# Auto-inscription : obtenir le nom de l'employé et du responsable
hiérarchie =pd.merge(
clients, clients[['customer_id', 'nom']],
gauche_sur='manager_id', droit_sur='customer_id',
   comment='gauche', suffixes=('_emp', '_mgr')
)

imprimer("Hiérarchie:")
imprimer(hiérarchie[['nom_employé', 'nom_gestionnaire']])
```

Sortir:

texte
nom_employé nom_gestionnaire
0 Alice Carol
1 Bob Carol
2 Carol NaN

Appariement flou avec fuzzywuzzy

python
```
!pip installer fuzzywuzzy python-Levenshtein

depuisflouimporterflou

# Trouver des noms de produits similaires
produits['clean_name']=produits['nom_du_produit'].str.lower()
chercher ='ordinateur portable'

produits['similarité']=produits['clean_name'].appliquer(
lambdax: fuzz.ratio(x, lookup.lower())
)
meilleur_match=produits.nplusgrand(1, 'similarité')
imprimer("Meilleur résultat pour 'ordinateur portable' : ",
meilleure_correspondance['nom_du_produit'].valeurs[0])
```

Application concrète

UN **ingénieur de données**traite de :

- **Clients en double**→ déduplication floue
- **Hiérarchie**→ organigramme
- **Importations désordonnées**→ Comparaison entre « iPhone » et « iPhone 13 »

Étapes concrètes

1. Lancer l'auto-adhésion.
2. Essayez la correspondance approximative pour les fautes de frappe.

Conseils

- ratio de flou → similarité de 0 à 100
- Utilisez process.extractOne pour une correspondance optimale
- Données propres**avant**correspondance floue

Erreurs courantes

- Approche floue sur de grands volumes de données → lenteur → échantillonnage préalable
- Oubli d'installer python-levenshtein
- Utiliser une logique floue lorsqu'une clé exacte existe.

Projet de bout en bout : fusionner les tables Clients, Commandes et Produits pour un tableau de bord analytique complet

Objectif du projet

Construire un**tableau de bord analytique complet du commerce électronique**:

1. Rejoindre **clients**, **ordres**, **produits**

2. Calculer**revenu**, **profit**, **valeur vie client (CLV)**
3. Ajouter **analyse de cohorte**(mois d'inscription)
4. Exporter vers analytics_dashboard.xlsx

Code complet

python
```
importerpandascommepd

# Charger les données
clients =pd.lire_csv("customers.csv")
commandes=pd.lire_csv("orders.csv")
produits=pd.lire_csv("produits.csv")

clients['date_d'inscription']=pd.to_datetime(clients['date_d'inscri
ption'])
ordres['date']=pd.to_datetime(commandes['date'])

# 1. Jointure complète
complet = (clients
.fusionner(commandes,sur='customer_id', comment='gauche')
.fusionner(produits,sur='product_id', comment='gauche'))

2. Nettoyer et enrichir
complet['revenu']= complet['montant']
complet['profit']= complet['montant']- complet['prix unitaire']
complet['mois_inscription']=
complet['date_d'inscription'].dt.to_period('M')

# 3. Indicateurs au niveau du client
indicateurs clients=plein.grouper par('customer_id').agg(
revenu_total=('revenu', 'somme'),
bénéfice total=('profit', 'somme'),
nombre de commandes=('order_id', 'compter'),
premier_ordre=('date', 'min'),
dernière commande=('date', 'max'),
mois d'inscription=('mois_inscription', 'd'abord')
```

```
).reset_index()

métriques_clients['clv']=métriques_clients['revenu_total']
métriques_clients['aov']=(métriques_clients['revenu_total']/métri
ques_clients['commander_count']).rond(2)
métriques_clients['jours_actifs']=(métriques_clients['dernière_co
mmande']-métriques_clients['premier_ordre']).dt.jours

4. Analyse de cohorte
cohort=customer_metrics.groupby('mois_inscription').agg(
   clients=('customer_id', 'compter'),
total_clv=('clv', 'somme'),
avg_aov=('aov', 'signifier')
).rond(2)

5. Performance par catégorie
performance de catégorie=plein.grouper par('catégorie').agg(
   revenu=('revenu', 'somme'),
   profit=('profit', 'somme'),
commandes=('order_id', 'compter')
).rond(2)
catégorie_perf['marge_profit_%']=(catégorie_perf['profit']/catégo
rie_perf['revenu']*100).rond(1)

# Exporter
avecpd.ExcelWriter('analytics_dashboard.xlsx')commeécrivain :
plein.to_excel(écrivain,nom_de_la_feuille=«Détail de la
transaction», indice=FAUX)
customer_metrics.to_excel(writer,nom_de_la_feuille=«
Indicateurs clients », indice=FAUX)
cohorte.to_excel(écrivain,nom_de_la_feuille=« Analyse de
cohorte »)
catégorie_perf.to_excel(écrivain,nom_de_la_feuille=«
Performance de la catégorie »)

imprimer(« Résumé du tableau de bord : »)
```

```
imprimer(f"Nombre total de clients :{seulement(métriques client)}")
imprimer(f"Recettes totales : ${complet['revenu'].somme():,.0f}")
imprimer(f"Bénéfice total : ${complet['profit'].somme():,.0f}")
imprimer("\nMeilleur client selon la CLV :)
imprimer(customer_metrics.nlargest(1, 'clv')[['customer_id', 'clv']])
imprimer("\nExporté : analytics_dashboard.xlsx)
```

Exemple de sortie

texte

```
Résumé du tableau de bord :
Nombre total de clients : 3
Recettes totales : 1 600 $
Bénéfice total : 145 $

Meilleur client selon la CLV :
client_id clv
0 1 1275
```

Application concrète

Équipe e-commercegère ceci**hebdomadaire**:

- Piste **croissance du CLV**
- Optimiser**marges bénéficiaires**
- Cible **cohortes à AOV élevé**

Étapes concrètes

1. Étendre les données à plus de 100 commandes.
2. Exécuter le script complet.

3. Ajouter une visualisation :
   python
   cohorte['total_clv'].parcelle(gentil='bar', titre="CLV par cohorte d'inscription")

Résumé des principaux points à retenir

JOINTURE SQL	Pandas comment
Jonction intérieure	'intérieur' (par défaut)
Jonction gauche	'gauche'
JOINT DROIT	'droite'
Jonction extérieure complète	'extérieur'
Plusieurs tables	Chaîne .fusionner()
Auto-adhésion	Fusionner sur soi-même
Correspondance approximative	flou

Vous avez maîtrisé**intégration des données**:

- Tous les types de jointure
- Pipelines multi-tables
- Auto-jonctions et logique floue
- Tableau de bord analytique complet

Exercices pratiques et défis

Exercice 1 : Exercices d'articulation

SQL

```
1. COMMANDES DE JOINTURE À GAUCHESUR
clients.identifiant_client=commandes.identifiant_client
2. JOIGNEZ COMPLÈTEMENT LES CLIENTS ET LES
COMMANDES
```

Traduisez et exécutez.

Exercice 2 : Analyse des profits

python

```
complet['marge_profit']= (complet['profit']/
complet['revenu'])*100
faible_marge=plein[plein['marge_profit']<10]
```

Exercice 3 : Vue client à 360°

Ajouter returns.csv → jointure et calcul**taux de retour**.

Défi : Rapport sur la qualité des données

python

```
# Trouver:
# - Orphelins (commandes sans client)
```

```
# - Clients inactifs (>90 jours)
# - Informations produit manquantes
# Exporter vers quality_report.csv
```

Chapitre suivant : Applications avancées et meilleures pratiques

Vous maintenant**combiner les données comme un ingénieur de données**Utilisez-le avec groupby(), les fonctions de fenêtrage et la logique conditionnelle pour construire**analyses de niveau entreprise**.

Chapitre 9

Applications avancées et meilleures pratiques – Du débutant au professionnel

Vous avez maîtrisé**Traduction SQL vers Python**Il est maintenant temps de**passer au niveau supérieur**-écrire **rapide**, **robuste**, et **évolutif**Du code qui fonctionne avec des jeux de données réels. Ce chapitre vous fera passer du statut de débutant à celui de véritable expert.**pro**avec des astuces de performance, des compétences en débogage, la visualisation, des pipelines complets et une feuille de route vers des outils avancés.

À la fin, vous aurez :

- Accélérez le code lent en**10x**
- Attraper et réparer**erreurs de traduction courantes**
- Construire **tableaux de bord interactifs**dans Jupyter
- Exécuter un**pipeline de données de bout en bout**
- Savoir **Que faut-il apprendre ensuite ?**

Nous utiliserons un**vaste ensemble de données de ventes**(sales_large.csv) avec plus de 100 000 lignes. Le code est entièrement testé, facile à utiliser pour les débutants et comprend :**cas d'utilisation concrets**, **étapes concrètes**, **conseils**, et **pièges courants**.

Optimisation des performances : Code Pandas efficace vs. équivalents SQL lents

Concept de base

Les pandas peuvent être**lents**si utilisé comme SQL. La clé :**vectorisation**(opérer sur des colonnes entières) vs**boucles**(ligne par ligne).

Mauvais (lent) vs Bon (rapide)

Tâche	Lent (style SQL)	Rapide (à la Panda)
Filtre	pour i dans df.index : si df.loc[i,'amount'] > 1000 : ...	df[df['amount'] > 1000]
Appliquer	.appliquer(lambda x: x*1.1)	df['amount'] * 1.1

Groupe	Boucle sur groupby	.groupby().agg()

Exemples de code

```python
importerpandascommepd
importernumpycommepar exemple
importer temps

df=pd.lire_csv("sales_large.csv", analyser_dates=['date'])

# LENT : Boucle rangée par rangée
commencer =temps.temps()
valeur élevée=[]
pour je dansdf.index :
   sidf.loc[i,'montant']>1000:
valeur_haute.append(df.loc[i,'customer_id'])
imprimer(f"Boucle: {temps.temps()- commencer:.2f}s")

# RAPIDE : Vectorisé
commencer =temps.temps()
valeur élevée rapide=df[df['montant']>1000]['customer_id']
imprimer(f"Vectorisé :{temps.temps()- commencer:.2f}s")
```

Résultat (100 000 lignes) :

```texte
Boucle : 8,42 s
Vectorisé : 0,03 s
```

Liste de contrôle d'optimisation

Faites ceci	Évitez ceci

df['col'] * 2	.appliquer(lambda x: x*2)
pd.concat([df1, df2], axis=0)	df1.append(df2)
df.groupby('region').agg(...)	Boucle sur les groupes
df['date'].dt.année	.appliquer(lambda x: x.année)

Application concrète

UN **ingénieur de données**processus**1 million de lignes par jour**.

- **Boucle**: 2 heures et plus
- **Vectorisé**: < 5 minutes

Étapes concrètes

1. Exécutez le test de chronométrage ci-dessus.
2. Remplacez une seule fois la méthode .apply() de votre code par sa version vectorisée.
3. Utilisez %timeit dans Jupyter :
   python
   ```
   %timeit df['montant']*1.1
   ```

Conseils

- Utilisez df.head() lors du développement → test sur un petit ensemble de données.
- pd.options.mode.chained_assignment = None → désactiver les avertissements

- df.copy() → éviter SettingWithCopyWarning

Erreurs courantes

- Utilisation de .iterrows() →**100 fois plus lent**
- df = df.append(...) dans la boucle → explosion de la mémoire
- Oublier parse_dates → opérations sur les chaînes de caractères des dates

---

Gestion des erreurs et débogage : pièges courants des traductions SQL vers Python

Concept de base

SQL masque les erreurs. Python**leur montre**Apprenez à**lire**, **réparer**, et **prévenir**.

Erreurs courantes et solutions

Erreur	Cause	Réparer
KeyError : 'montant'	faute de frappe dans le nom de	df.columns → vérifier l'orthographe

	la colonne	
ParamètreAvecAvertissementDeCopie	Affectation enchaînée	Utilisez .loc ou .copy()
TypeError : opérande non pris en charge	Mélanger int + str	df['amount'] = pd.to_numeric(df['amount'], errors='coerce')
Erreur de mémoire	Trop de données	dtype= dans read_csv, ou chunking

Exemples de code

python

```
# Accès sécurisé à la colonne
essayer:
   imprimer(df['montant'])# Faute de frappe !
saufErreur de clé:
   imprimer(Colonne introuvable. Disponible :,
df.columns.tolist())

# Corriger SettingWithCopy
df_filtré=df[df['montant']>100].copie()
df_filtré['drapeau']= 'haut'# Aucun avertissement

# Gérer les données erronées
df['montant']=pd.to_numeric(df['montant'],erreurs='contraindre')
df['montant']=df['montant'].remplir(0)
```

Flux de travail de débogage

python

```
1. Imprimer la forme
imprimer(df.forme)

# 2. Données d'exemple
imprimer(df.sample(3))

3. Vérifier les types
imprimer(df.dtypes)

# 4. Trouver les valeurs nulles
imprimer(df.isnull().sum())
```

Application concrète

UN **analyste junior**génère un rapport → plante.

Avec débogage :

- Trouve NaN dans la quantité
- Corrections avec .fillna(0)
- Livraison dans les délais

Étapes concrètes

1. Ajouter un bloc try-except à une fusion.
2. Utilisez df.info() après chaque transformation.
3. Créer un**bloc-notes de débogage**avec votre ensemble de données.

Conseils

- Utiliser **Jupiter**→ exécuter cellule par cellule

- pd.set_option('display.max_columns', None) → afficher toutes les colonnes
- df.describe(include='all') → repérer les valeurs aberrantes

Erreurs courantes

- Ignorer les avertissements → bogues silencieux
- df = df[df['amount'] > 100] puis modifier → SettingWithCopy
- Ne pas vérifier les types de données après la lecture du fichier CSV

Passage à l'échelle supérieure : Intégration avec les notebooks Jupyter et les bibliothèques de visualisation (par exemple, Matplotlib)

Concept de base

Jupiter= Python interactif

Matplotlib/Seaborn= numéros de virage → graphiques

Installation

frapper

```
pépininstaller Jupyter, Matplotlib et Seaborn
Jupiter carnet de notes
```

Exemples de code

```
python
importermatplotlib.pyplotcommeplt
importerné de la mercommesns

Graphique linéaire : Revenus mensuels
revenu
mensuel=df.groupby(df['date'].dt.to_period('M'))['montant'].som
me()
mensuel_rev.plot(gentil='doubler', titre=« Revenu mensuel »,
taille de la figure=(10, 6))
plt.ylabel('Revenus ($)')
plt.show()

Graphique à barres : Top 10 des produits
meilleurs
produits=df.groupby('nom_du_produit')['montant'].somme().nplu
sgrand(10)
top_products.plot(gentil='barh', titre=« Les 10 produits les plus
rentables », couleur=« bleu ciel »)
plt.xlabel('Revenus ($)')
plt.show()

# Carte thermique : Ventes par région et catégorie
pivot=df.pivot_table(valeurs='montant', indice='région',
colonnes='catégorie', fonction d'aggré='somme',
valeur_de_remplissage=0)
sns.heatmap(pivot,notes=Vrai, fmt=',.0f', cmap='YlOrRd')
plt.title(« Carte thermique des ventes par région et catégorie »)
plt.show()
```

Application concrète

UN **directeur**veut un**tableau de bord**:

- **Ligne de tendance**→ repérer la saisonnalité

- **graphique à barres**→ inventaire de concentration
- **carte thermique**→ allouer le marketing

Étapes concrètes

1. Installez Jupyter.
2. Créer un tableau de bord.ipynb.
3. Ajoutez 3 graphiques à partir de vos données.

Conseils

- figsize=(largeur, hauteur) → taille de contrôle
- plt.tight_layout() → éviter le chevauchement
- Enregistrer : plt.savefig('chart.png', dpi=300, bbox_inches='tight')

Erreurs courantes

- Tracé de 100 000 points → plantage → agrégation en premier
- Oublier plt.show()
- Utilisation des couleurs par défaut → difficile à lire

Flux de travail réel : Création d'un projet de pipeline de données de bout en bout

Objectif du projet

Rapport mensuel automatisé des ventes:

1. **Ingérer**→ Charger le fichier CSV brut
2. **Faire le ménage**→ corriger les types, les valeurs nulles et les doublons
3. **Transformer**→ joindre, agréger, enrichir
4. **Analyser**→ Indicateurs clés de performance, tendances, segments
5. **Exporter**→ Excel + graphiques
6. **Calendrier**→ Exécution mensuelle

Code complet (sales_pipeline.py)

python

```
importerpandascommepd
importernumpycommepar exemple
importermatplotlib.pyplotcommeplt
depuisdate et heureimporterdate et heure
importer toi

defcharger_données():
df=pd.lire_csv("sales_large.csv", analyser_dates=['date'])
   clients =pd.lire_csv("customers.csv",
analyser_dates=['date_d'inscription'])
produits=pd.lire_csv("produits.csv")
   retourdf, clients, produits

defdonnées propres(df, clients, produits):
# Corriger les types
df['montant']=pd.to_numeric(df['montant'],erreurs='contraindre').
remplir(0)

# Supprimer les doublons
df=df.drop_duplicates()

# Standardiser
df['région']=df['région'].str.title()
   retourdf, clients, produits
```

```
defdonnées_transformées(df, clients, produits):
   # Rejoindre
   complet =(df
.fusionner(clients,sur='customer_id', comment='gauche')
.fusionner(produits,sur='product_id', comment='gauche'))

# Enrich
   complet['mois']= complet['date'].dt.to_period('M')
   complet['profit']= complet['montant']- complet['prix unitaire']
   complet['signup_cohort']=
complet['date_d'inscription'].dt.to_period('M')

   retour complet

defanalyser_données(complet):
# Indicateurs clés de performance (KPI)
KPI={
« Recettes totales »: complet['montant'].somme(),
« Bénéfice total »: complet['profit'].somme(),
« Total des commandes »:seulement(complet),
'AOV': complet['montant'].signifier(),
« Clients uniques »: complet['customer_id'].nunique()
}

# Tendance mensuelle
mensuel=plein.grouper par('mois')['montant'].somme()

# Meilleurs produits
meilleurs produits=plein.grouper
par('nom_du_produit')['montant'].somme().nplusgrand(5)

   retourKPI, mensuel, meilleurs produits

defrapport d'exportation(KPI, mensuel, meilleurs produits):
horodatage=datetime.now().strftime("%Y%m%d")
os.makedirs(« rapports », existe_ok=Vrai)
```

```
# Excel

avecpd.ExcelWriter(f"rapports/rapport_des_ventes_{horodatage
}.xlsx")commeécrivain :
pd.Series(kpi).to_excel(writer,nom_de_la_feuille=« KPI »)
mensuel.to_excel(écrivain,nom_de_la_feuille=« Tendance
mensuelle »)
meilleurs_produits.to_excel(écrivain,nom_de_la_feuille=«
Meilleurs produits »)

# Graphiques
fig., (ax1, ax2)=plt.subplots(1, 2, taille de la figure=(14, 6))
mensuel.plot(hache=ax1,titre=« Tendance des revenus
mensuels », gentil='doubler')
top_products.plot(hache=ax2,titre=« Top 5 des produits »,
gentil='barh', couleur='vert')
plt.tight_layout()
plt.savefig(f"rapports/tableau de bord_{horodatage}.png",
dpi=300)
plt.close()

def principal():
   imprimer("Démarrage du pipeline des ventes...")
df, clients, produits=charger_données()
df, clients, produits=nettoyer_données(df, clients, produits)
   complet =transformer_données(df, clients, produits)
KPI, mensuel, meilleurs
produits=analyser_données(complètes)
export_report(kpi, mensuel, meilleurs_produits)
   imprimer(f"Rapport généré :
reports/sales_report_{datetime.now().strftime('%Y%m%d')}.xlsx
")

si __nom__ == "__principal__":
   principal()
```

Exécutez-le

frapper

```
pythonpipeline_ventes.py
```

Application concrète

Équipe financièreplanifie cela via**cron**(Linux) ou**Planificateur de tâches**(Windows) →**rapport mensuel automatisé**.

Étapes concrètes

1. Enregistrez sous le nom sales_pipeline.py.
2. Exécutez-le.
3. Planifier avec cron :
   bash
   ```
   09 1* *cd /chemin&&pythonpipeline_ventes.py
   ```

Étapes suivantes : Ressources pour les outils de données Python avancés

Vous êtes prêt pour**outils de niveau professionnel**:

Outil	Cas d'utilisation	Apprendre

SQLAlchemy	Parlez à de vraies bases de données	pip installer sqlalchemy
Dask	Plus de 100 millions de lignes	pip installer dask[dataframe]
polaire	10 fois plus rapide que Pandas	pip installer les polaires
Streamlit	Tableaux de bord Web	pip installer streamlit
dbt	Transformation des données	dbt.com

Démarrage rapide : SQLAlchemy

python

```
depuisSQLAlchemyimportercréer_moteur
moteur =créer_moteur('sqlite:///sales.db')
df.to_sql('ventes', moteur, si_existe='remplacer')
pd.lire_sql("SÉLECTIONNER la région, SOMME(montant) DE
ventes GROUPER PAR région", moteur)
```

Résumé des principaux points à retenir

Compétence	Pro Technique
Vitesse	Vectoriser → éviter les boucles

Débogage	df.info(), try-except, sample()
Visualisation	Jupyter + Matplotlib/Seaborn
Pipeline	Charger → Nettoyer → Transformer → Analyser → Exporter
Échelle	SQLAlchemy, Dask, Polars

Vous êtes maintenant un**Pandas pro**:

- Écrire **rapide**, **correct**, **beau**code
- Construire **rapports automatisés**
- Prêt pour**mégadonnées** et **bases de données**

Exercices pratiques et défis

Exercice 1 : Test de vitesse

Chronométrez ceci :

python
```
%timeit df['montant']*1.08
%timeit df['montant'].appliquer(lambdax: x*1.08)
```

Exercice 2 : Déboguer ceci

python
```
df=pd.lire_csv("data.csv")
df=df[df['ventes']>100]
df['drapeau']= 'haut'  # Avertissement?
```

Réparez-le. .

Exercice 3 : Créer un tableau de bord

Créez un fichier dashboard.ipynb avec :

- Tendances des revenus
- Top 5 des clients
- Bénéfice par catégorie

Défi : Automatiser avec le flux d'air

Utiliser **Apache Airflow**pour planifier votre pipeline quotidiennement.

Vous avez terminé le parcours : SQL → Python → Pro

Maintenant, allez construire quelque chose.**incroyable**.

www.ingramcontent.com/pod-product-compliance
Lightning Source LLC
LaVergne TN
LVHW082227051026
849532LV00012B/3917
9798295564123